Klasse! A2

Deutsch für Jugendliche

Übungsbuch mit Audios

Sarah Fleer

Ute Koithan

Bettina Schwieger

Tanja Sieber

Alles Digitale zu diesem Buch kann auf der Lernplattform **allango** von Ernst Klett Sprachen abgerufen werden. So geht's:

QR-Code scannen oder **www.allango.net** aufrufen | Buchtitel oder ISBN in der Suche eingeben und auf das Buchcover klicken | Zum Inhalt navigieren, direkt abrufen oder speichern

Ernst Klett Sprachen
Stuttgart

Autoren: Sarah Fleer, Ute Koithan, Bettina Schwieger, Tanja Sieber
Redaktion: Felice Lembeck
Projektleitung: Angela Kilimann
Layoutkonzeption und Gestaltung: Andrea Pfeifer, München
Illustrationen: Andrea Naumann, Aachen
Satz: Sandro Münsch, Fotosatz Amann, Memmingen
Umschlaggestaltung: Studio Schübel, München
Titelbild und Auftragsfotos: Dieter Mayr, München

Online-Übungen
Autorin: Maja Rettig

Audios
Aufnahme und Postproduktion: Plan 1
Regie: Plan 1, Felice Lembeck und Angela Kilimann

Informationen und zu diesem Titel passende Produkte finden Sie auf www.klett-sprachen.de/klasse

1. Auflage 8 | 2025

www.klett-sprachen.de

Druck und Bindung: Gebr. Geiselberger GmbH, Altötting

ISBN 978-3-12-607132-1

MIX
Papier | Fördert gute Waldnutzung
FSC® C105048

Willkommen im Übungsbuch zu Klasse!

Inhalt

Symbole im Übungsbuch

1.02 Du hörst ein Audio.

1.03 Du hörst ein Audio und übst die Aussprache.

Du schreibst einen Text.

DSD I Dies ist eine Aufgabe wie in der DSD-Prüfung.

Du arbeitest mit einem Partner / einer Partnerin.

Ihr arbeitet zu dritt.

online 1 Du findest online interaktive Übungen.

Dein Übungsbuch

12 Kapitel

Zu jeder Aufgabe im Kursbuch passt eine Übung im Übungsbuch.

Diese Übung bereitet dich auf die DSD-Prüfung vor.

Online findest du noch mehr interaktive Übungen.

Fett gedruckte Wörter sind wichtig für die Prüfung.

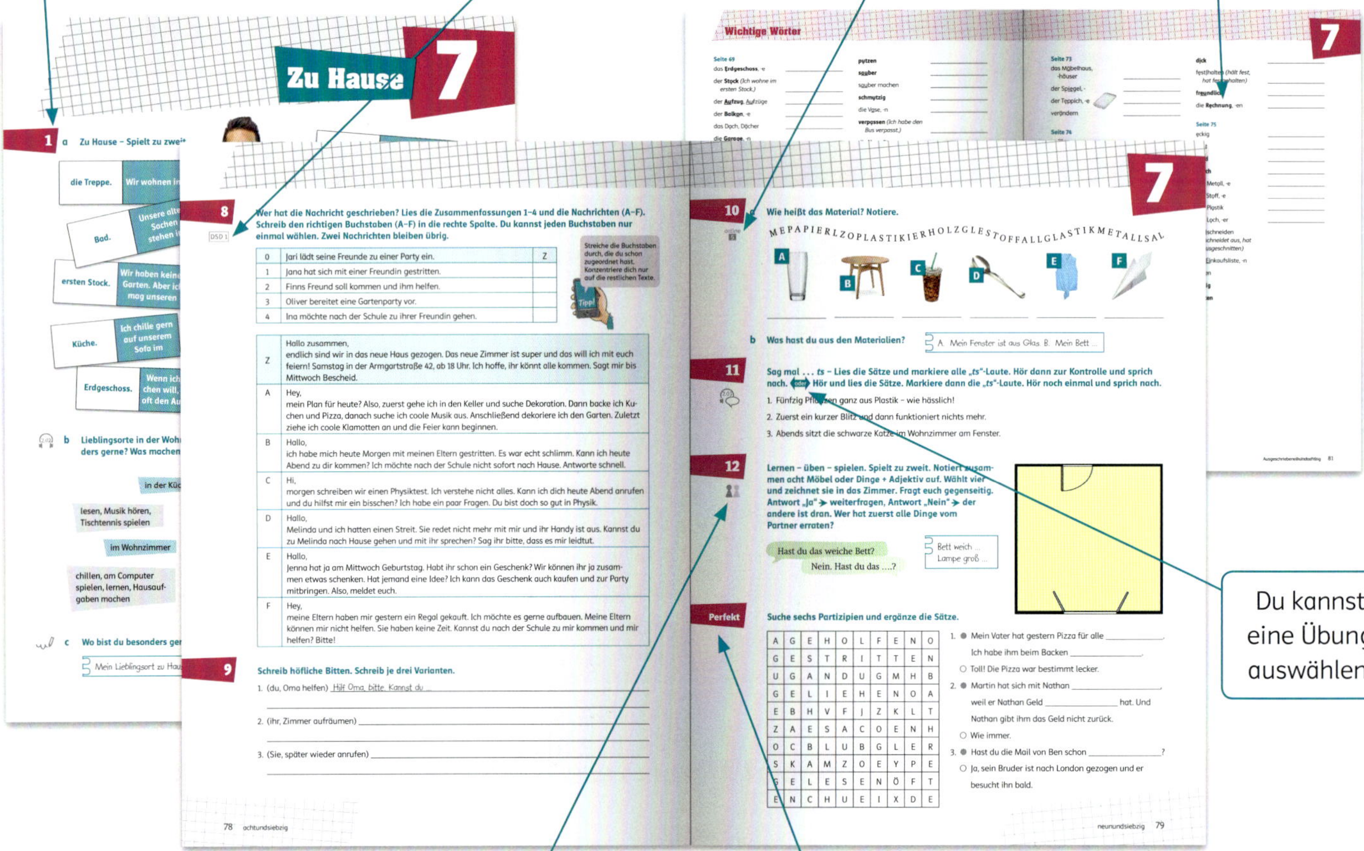

Du kannst eine Übung auswählen.

Für diese Aufgabe brauchst du einen Partner.

Ab Kapitel 3 kannst du hier die Perfektformen üben.

4 Testtrainings

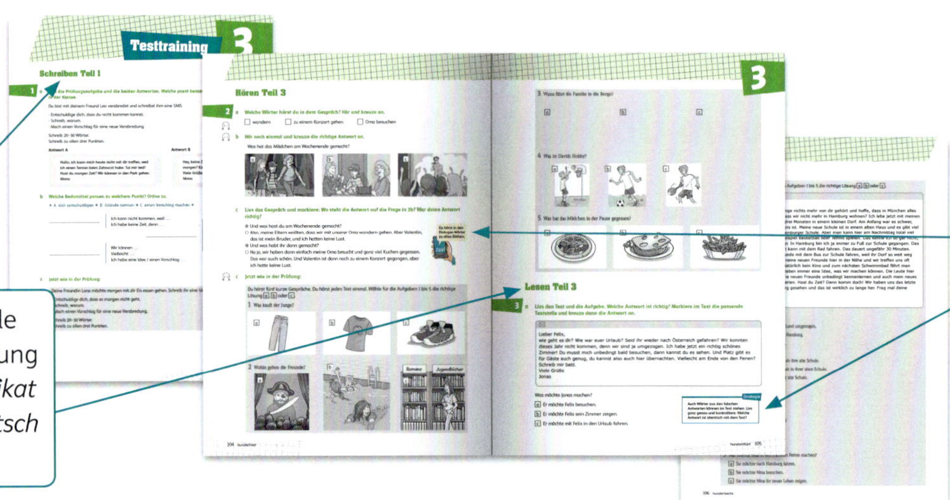

Es gibt Tipps und Strategien für die Vorbereitung und für die Prüfung.

Du lernst alle Teile der Prüfung *Goethe-Zertifikat A2: Fit in Deutsch* kennen.

Freunde 1

1 a Personen beschreiben – Welche Adjektive passen zu den Personen? Ordne zu.

✦ blond ✦ kurz ✦ lang ✦ dunkelbraun ✦ hellblau ✦ schwarz ✦

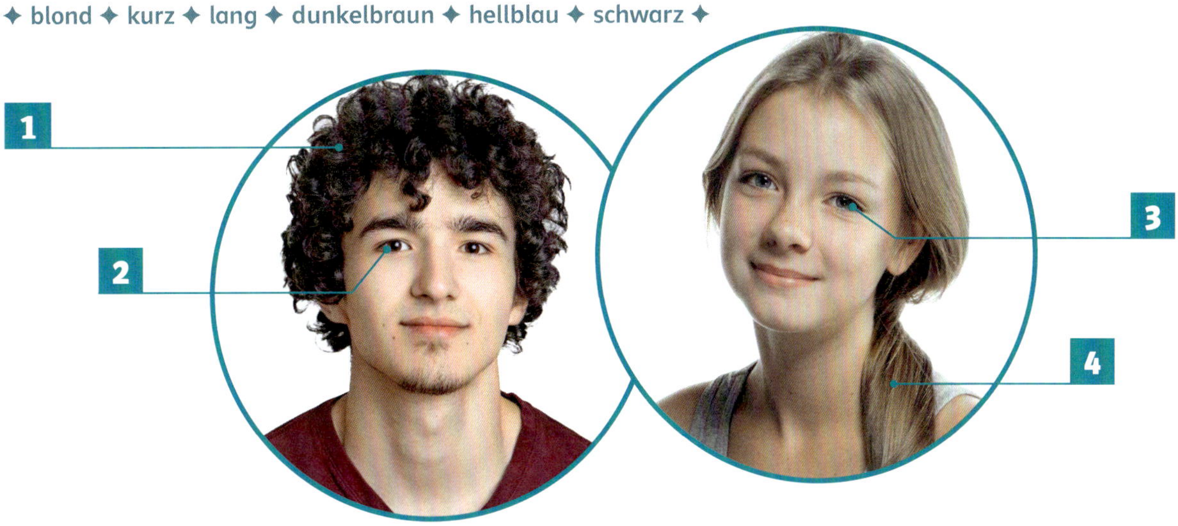

b Schreib die Adjektive richtig.

1. ntte ____________________
2. toerlant ____________________
3. hiflbseriet ____________________
4. erhichl ____________________
5. lbie ____________________
6. inetiglletn ____________________

c Welche Adjektive passen zu diesen Personen? Schreib.

____________________ ____________________ ____________________ ____________________

1.02 online 1

d Hör und ergänze die Personenbeschreibung.

Das ist <u>Clara</u>. Sie ist ________ Jahre alt. Sie ist ________ Meter groß. Ihre Haare sind ____________________, ihre Augen sind ____________________.
Sie trägt gern T-Shirts, ____________________.
Sie mag ____________________.
____________________ mag sie nicht. Sie ist sportlich, ____________________.

2 a Lies Paulas Nachricht. Welche Aussagen (1–6) sind richtig? Kreuze an.

online 2

Liebe Julia,
heute schicke ich dir viele Grüße aus Münster, denn hier habe ich viel Zeit. Ich bin bei meiner Oma und chille.
Die letzten zwei Wochen waren toll. Ich habe mit meinen Eltern eine Reise nach Wien gemacht. Wir waren viel in der Stadt unterwegs und ich habe viel fotografiert. Wir waren im Stephansdom und anderen Kirchen und im Schloss. Wir waren auch im Haus des Meeres. Das Museum ist echt toll. Meine Mutter und ich haben in der Stadt Klamotten für mich gekauft. Wir haben auch Sachertorte probiert. Ich finde sie echt lecker. Nächste Woche bin ich wieder zu Hause. Was hast du so gemacht? Schreib mal.

Viele Grüße, Paula

Julia Mering
Hohenzollernstraße 18
80801 München

1. ☐ Paula schreibt aus Wien.
2. ☐ Sie hat Fotos gemacht.
3. ☐ Sie war im Museum.
4. ☐ Sie war in der Stadt shoppen.
5. ☐ Sachertorte schmeckt ihr nicht.
6. ☐ Sie fährt morgen zurück.

b Markiere in der Postkarte in 2a alle Verbformen im Perfekt und sortiere sie in eine Tabelle im Heft.

regelmäßig	-ieren
machen – gemacht	

c Ergänze die Verbformen im Perfekt.

1. ich spiele ___ich habe gespielt___
2. du telefonierst ______
3. er/es/sie sammelt ______
4. wir schicken ______
5. ihr chillt ______
6. sie grillen ______

d Was haben die Jugendlichen in den Ferien gemacht? Schreib die Sätze im Perfekt.

1. Milan – mit Freunden im Garten – grillen – . ___Milan hat mit Freunden im Garten gegrillt.___
2. Paul – mit der Familie – drei Wochen – campen – . ______
3. Lilly – im Eiscafé – arbeiten – . ______
4. Kai – seinen Geburtstag am Meer – feiern – . ______
5. Selina – zum ersten Mal Sushi – probieren – . ______

e Lies die Chats und ergänze die Formen von *sein* und *haben* im Präteritum.

Wir ______ (1) an der Ostsee. Das Wetter ______ (2) super. Wir ______ (3) jeden Tag Sonnenschein. Und du?

Ich ______ (4) eine Erkältung, aber morgen fahren wir nach Italien, endlich!

Hey! Wie ______ (5) es im Sprachcamp, ______ (6) du Spaß?

Ja, es ______ (7) echt super. Und ihr? ______ (8) ihr eine schöne Zeit in den Bergen?

Ja, die Berge ______ (9) toll.

3 a Markiere die Partizip-II-Formen. Schreib dann das Partizip II zu dem passenden Infinitiv.

leigelesenwcoogeschlafenwrggetrunkenwefgegessenarvgetroffenrewdgesehenmerhgesprochenppgm

1. lesen ______________________
2. schlafen ______________________
3. essen ______________________
4. sprechen ______________________
5. treffen ______________________
6. sehen ______________________
7. trinken ______________________

b Wochenende – Was passt wo? Ergänze das Partizip II. Übung 3a hilft.

1. Marie hat bis 11 Uhr ______________________. Sie war sehr müde.
2. Zum Frühstück hat sie ein Müsli ______________________.
3. Sie hat auch einen Tee ______________________.
4. Dann hat sie noch zwei Stunden im Bett ein Buch ______________________.
5. Später hat sie Kim ______________________.
6. Am Abend haben sie zusammen einen Film ______________________.
7. Dann haben sie noch über den Film und über die Schule ______________________.

c Was gehört zusammen? Verbinde.

sie hat gegeben

helfen

sie hat gefunden

schreiben

sie hat geholfen

er hat genommen

nehmen – er hat genommen

finden

geben

er hat geschrieben

Du findest in jedem Kapitel eine Übung zum Perfekt. Ab Kapitel 3 immer nach Lernen – üben – spielen.

d Was haben die Jugendlichen gestern gemacht? Bilde Sätze im Perfekt.

1. Lukas – treffen – seine Freunde – . *Lukas hat seine Freunde getroffen.*
2. Henri – helfen – seiner Oma – . ______________________
3. Kim und Marie – im Café eine Cola – trinken – . ______________________
4. Lars – viele Nachrichten – schreiben – . ______________________
5. Valerie – in der Bibliothek ein Buch – finden – . ______________________
6. Cem – sehen – eine Serie – . ______________________

4 **a** **Perfekt mit *haben* oder *sein* – Was ist richtig? Kreuze an.**

1. Gestern ☐ bin ☐ habe ich mit meinem Bruder Max in die Stadt gefahren.
2. Wir ☐ sind ☐ haben ins Kino gegangen und ☐ sind ☐ haben einen Film gesehen.
3. Im Kino ☐ ist ☐ hat Max Popcorn gekauft und ich ☐ bin ☐ habe ein Eis genommen.
4. Danach ☐ sind ☐ haben wir noch im Park Basketball gespielt.
5. Leo ☐ ist ☐ hat nicht gekommen. Er ☐ ist ☐ hat zu Hause geblieben.
6. Ich glaube, er ☐ ist ☐ hat Englisch gelernt oder er ☐ ist ☐ hat einen Text für Deutsch geschrieben.
7. Am Abend ☐ sind ☐ haben wir Spaghetti gegessen.
8. Es ☐ ist ☐ hat nicht viel passiert, aber es ☐ ist ☐ hat ein cooler Tag gewesen.

b **Ergänze *haben* oder *sein* in der richtigen Form.**

1. ● Was ________ passiert? ○ Nichts. Warum fragst du?
2. ● Wo ist Henri? ○ Er ________ nach Hause gefahren.
3. ● ________ Henri dir mein Heft gegeben? ○ Ja, hier ist es.
4. ● Danke. Und wo ist Marie? ○ Sie ________ in der Schule geblieben.
5. ● ________ du mit Lars gesprochen? ○ Nein, wir ________ nur geschrieben.

c **Perfekt – Wie ist das in deiner Sprache? Schreib die Sätze in deiner Sprache und kreuze an.**

deutsch:	Kim und Lukas haben Basketball gespielt.
meine Sprache:	
deutsch:	Marie ist in den Park gegangen.
meine Sprache:	

In meiner Sprache …

… gibt es auch ein Perfekt (Hilfsverb z.B. *haben* + Partizip II). ☐ ja ☐ nein

… gibt es regelmäßige und unregelmäßige Verben. ☐ ja ☐ nein

… braucht man auch die Verben *haben* und *sein*. ☐ ja ☐ nein

online 3 **d** **Schreib die Sätze im Perfekt.**

1. Kim fährt mit dem Fahrrad zu Marie, Lukas geht zu Fuß.
   Kim ist mit dem Fahrrad zu Marie gefahren, …
2. Marie macht eine Pizza. Kim und Lukas helfen ihr.
   ____
3. Dann schreiben sie zusammen einen Text für die Schule.
   ____
4. Um 18 Uhr geht Lukas nach Hause, Kim bleibt noch.
   ____

5 a **Zweifel ausdrücken – Ordne die Dialoge und hör zur Kontrolle.** oder **Hör die Dialoge und ordne sie.**

1.03

Dialog 1	**Dialog 2**
☐ Ich habe noch Mathe gelernt.	☐ Das glaube ich nicht.
☐ Echt? Der Test ist in vier Wochen!	☐ Doch, wirklich! Ich habe 30 Minuten gewartet.
☐ Okay, Entschuldigung. Ich habe noch mit Paula gesprochen.	☐ Der Bus ist nicht gekommen.
☐ Du bist schon wieder zu spät. Ich warte schon so lange.	☐ Du bist immer zu spät. Wo warst du?
	☐ 30 Minuten? Ich weiß ja nicht …

b **Entschuldigungen – Ergänzt die Dialoge und lest zu zweit.**

online 4

✦ wahr ✦ stimmen ✦ glaube ✦ Quatsch ✦

1. ● Die Straßenbahn ist nicht gekommen — ○ Das kann nicht ________.
2. ● Ich habe den Weg nicht gefunden. — ○ So ein ________!
3. ● Ich habe noch mit Frau Stark gesprochen. — ○ Das ist nicht ________.
4. ● Die U-Bahn ist nicht gefahren. — ○ Das ________ ich nicht.

6 a **Lies den Text und setze aus der Wortliste (A–H) das richtige Wort in jede Lücke ein. Einige Wörter bleiben übrig.**

DSD I

Lies den Text zuerst einmal ganz. Entscheide: Fehlt ein Adjektiv, Adverb oder Nomen?

Wortliste
✦ (A) jetzt ✦ (B) leider ✦ (C) Bus ✦ (D) langweilig ✦ (E) manchmal ✦
✦ (F) Restaurant ✦ (G) schade ✦ ✦ (H) spät ✦ (Z) früh ✦

Am Samstag bin ich mit meiner Familie um sechs Uhr morgens nach Berlin gefahren. Das war sehr (0) __Z__. Aber die Reise ist lang. Wir sind zwei Tage in Berlin geblieben und haben in einem Hotel übernachtet. Wir haben auch meine Tante getroffen. Wir sehen sie (1) _____ nicht oft. Sie wohnt schon fünf Jahre in Berlin. Zusammen sind wir in ein Museum gegangen. Das war ein bisschen (2) ______ … Aber dann waren wir in vielen Geschäften und ich habe viele schöne Dinge gekauft. Am Abend haben wir in einem (3) ______ Sushi gegessen. Das war sehr lecker, ich liebe Sushi. Am Sonntag sind wir mit dem Bus durch Berlin gefahren und ich habe viele Fotos gemacht. Wir sind am Sonntagabend sehr (4) ______ nach Hause gekommen.

b **Welche Überschrift passt am besten zum Text? Kreuze an!**

A ☐ Sommerferien in Berlin
B ☐ Geschäfte in Berlin
C ☐ Ein Wochenende in Berlin

7 a Hör das Gespräch. Kreuze an: Richtig oder falsch?

1.04

	richtig	falsch
1. Paula und Mia möchten am Wochenende zu einer Party gehen.	☐	☐
2 Paula muss um 22 Uhr zu Hause sein.	☐	☐
3. Mias Eltern sind sauer, denn Mia hat schlechte Noten.	☐	☐
4. Mia darf nicht zu dem Konzert gehen.	☐	☐
5. Paula hilft Mia in Mathe.	☐	☐

b Schreib Sätze mit *denn*.

1. Luisa lernt, denn sie schreibt morgen einen Mathetest.
(morgen einen Mathetest schreiben)

2. Annabelle kauft eine Fahrkarte, ______________________
(nach Köln fahren)

3. Pietro ist glücklich, ______________________
(mit Lena ins Kino gehen)

4. Julia ruft Vicky an, ______________________
(über ihr Referat sprechen wollen)

5. Max hat gute Noten, ______________________
(viel lernen)

c Wähle eine Person aus Aufgabe 7a im Kursbuch und schreib eine Antwort.

online 5

d Gefühle – Wie heißen die Adjektive? Schreib.

1. ercherleitt ______________
2. verbtlie ______________
3. güchclkli ______________
4. ösnevr ______________
5. serau ______________
6. atrurgi ______________

e Welche Adjektive haben eine ähnliche Bedeutung? Notiere drei Paare.

1. ______________ – ______________
2. ______________ – ______________
3. ______________ – ______________

✦ traurig ✦ glücklich ✦ wütend ✦
✦ unglücklich ✦ sauer ✦ froh ✦

f Was passt wo? Ordne zu.

✦ A Pia hat Angst. ✦ B Max ist erleichtert. ✦ C Tarik ist wütend. ✦ D Lilli ist traurig. ✦ E Tom ist nervös ✦

1 ___

2 ___

3 ___

4 ___

5 ___

g **Ergänze die Sätze.**

1. Lilli ist traurig, denn ______
2. Tarik ist wütend, denn ______
3. Max ist erleichtert, denn ______
4. Tom ist nervös, denn ______

8 **Hilfe anbieten, um Hilfe bitten – Ergänze die Lücken und hör zur Kontrolle.**

1.05

✦ helfen ✦ Brauchst ✦ Problem ✦ bitte ✦ Danke ✦ tun ✦

Dialog 1

● ______ (1) du Hilfe?
○ Ja, ______ (2). Wo ist Raum 241?
● Du musst hier links gehen und dann wieder rechts.
● ______ (3).

Dialog 2

● Kannst du mir ______ (4)?
○ Natürlich. Was kann ich ______ (5)?
● Können wir zusammen Mathe lernen?
○ Ja, klar. Kein ______ (6).

9 **a** **Sag mal ... Emotionales Sprechen – Hör die Sätze. Was passt? Kreuze an.**

1.06

	sauer	unglücklich	erleichtert	nervös
1. Ich finde mein Handy nicht. Alle Fotos sind weg.	☐	☐	☐	☐
2. Ah, du hast mein Handy. Ich habe es schon gesucht.	☐	☐	☐	☐
3. Wann schreiben wir den Englisch-Test?	☐	☐	☐	☐
4. Das Wetter ist wieder schlecht!	☐	☐	☐	☐

1.06

b **Hör noch einmal und sprich nach.**

c **Schreib die Sätze und sprich sie dann mit viel Emotionen.**

1. sauer – Ich – sein – so – !!! *Ich bin so sauer!!!*
2. total – Ich – sein – wütend – ! ______
3. Ich – sein – froh – echt – ! ______
4. sehr – sein – Ich – erleichtert – . ______

10 **Lernen – üben – spielen. Spielt zu viert. Jedes Paar notiert fünf Sätze im Präsens und schreibt diese Sätze auch im Perfekt. Lest dann den Präsenssatz vor. Das andere Paar sagt den Satz im Perfekt. Richtig oder falsch? Korrigiert. Welches Paar hat mehr richtige Sätze?**

Wichtige Wörter

Seite 10

aus|sehen (*sieht aus, hat ausgesehen*)

die **Größe**, -n

ehrlich

hilfsbereit

intelligent

lieb

lustig

nett

sportlich

tolerant

Seite 11

leider

vorbei (*Die Ferien sind leider vorbei.*)

chillen

feiern

fotografieren

die Muschel, -n

Muscheln sammeln

die **Reise**, -n

eine Reise machen

probieren

surfen

spielen

der **Urlaub**, -e

die **Arbeit**

der **Cousin**, -s

die Erkältung, -en

eine Erkältung haben (*hat, hat gehabt*)

schicken

der **Spaß** (*Spaß haben*)

unterwegs

campen

grillen

die **Lust** (*Ich habe keine Lust.*)

Seite 12

der Bericht, -e

ewig

echt (*Ich bin echt sauer.*)

der **Kakao**

der **Krimi**, -s

lange

leid|tun (*Tut mir leid.*)

sauer

schon

warten

der **Unterschied**, -e

Seite 13

los sein (*Was ist los?*)

der **Bus**, -se

die **U-Bahn**, -en

lügen (*lügt, hat gelogen*)

pünktlich

So ein **Quatsch**!

sterben (*stirbt, ist gestorben*)

stimmen (*Das stimmt nicht.*)

der Zweifel, -

wecken

der Wecker, -

ca. *(= circa)*

Seite 14

die **Angst** *(Ich habe Angst.)*

beachten

die Diskussion, -en

diskutieren

erleichtert

froh

glücklich

klug *(klüger, am klügsten)*

lachen

nervös *(nervöser, am nervösesten)*

die **Note**, -n

plötzlich

die **Prüfung**, -en

Silvester

sogar

der **Stress**

traurig

unglücklich

verliebt

weinen

wütend

zufrieden

unzufrieden

mündlich

schriftlich

das Gefühl, -e

Seite 15

aus|gehen *(geht aus, ist ausgegangen)*

ein paar *(ein paar Schulsachen)*

der Geldbeutel, -

der Streit

Streit haben *(Ich habe Streit mit meinen Eltern.)*

schaffen *(Ich schaffe das schon.)*

schauen *(Hier, schau mal!)*

an|bieten *(bietet an, hat angeboten)*

bitten

das **Taschengeld**

Was kann ich?

1

Ich kann Personen beschreiben.
→ KB/ÜB A1

Das ist ________________. Er/Sie ist ______ Jahre alt und ____________ Meter groß. Seine/Ihre Augen sind ____________________. Die Haare sind ______________________. Er/Sie trägt gern __________________. Er/Sie mag _________________________________ (nicht). Er/Sie ist nett und ____________________________.

2

Ich kann über Vergangenes sprechen.
→ KB/ÜB A2, A3, A4

✦ sein ✦ haben ✦ schlafen ✦ gehen ✦ fahren ✦ machen ✦ spielen ✦ besuchen ✦ treffen ✦ sprechen ✦ aufräumen ✦ essen ✦ trinken ✦

Gestern war ich zu Hause …

3

Ich kann meine Zweifel ausdrücken.
→ KB/ÜB A5

1. Das glaube
2. Das kann
3. So ein

A nicht stimmen.
B Quatsch!
C ich nicht.

4

Ich kann über Gefühle sprechen.
→ KB/ÜB A7

1. Vor einem Test in Mathe bin ich ______________________________.
2. Ich habe in Englisch eine Zwei bekommen, deshalb bin ich ______________________.
3. Ich bin so ______________________________, denn ich bekomme ein neues Handy.

5

Ich kann Hilfe anbieten, annehmen oder ablehnen.
→ KB/ÜB A8

✦ Brauchst du Hilfe? ✦ Das ist echt nett. ✦ Ja. Bitte. ✦ Kein Problem. ✦

● Hi Mia. ______________________ (1)
○ ______________________ (2). Kannst du mir mit dem Fahrrad helfen?
● Na, klar. ______________________ (3)
○ Danke! ______________________ (4)

So lerne und übe ich

6

Ich schreibe Lernkarten zu Verben und notiere Formen im Präsens und Perfekt. ☐ manchmal ☐ oft ☐ nie

fahren:
____
____

gehen:
ich gehe
ich bin gegangen

sprechen:
____
____

trinken:
ich trinke
ich habe getrunken

Mach mit! 2

1 a **Welche Sportarten erkennst du? Ergänze.**

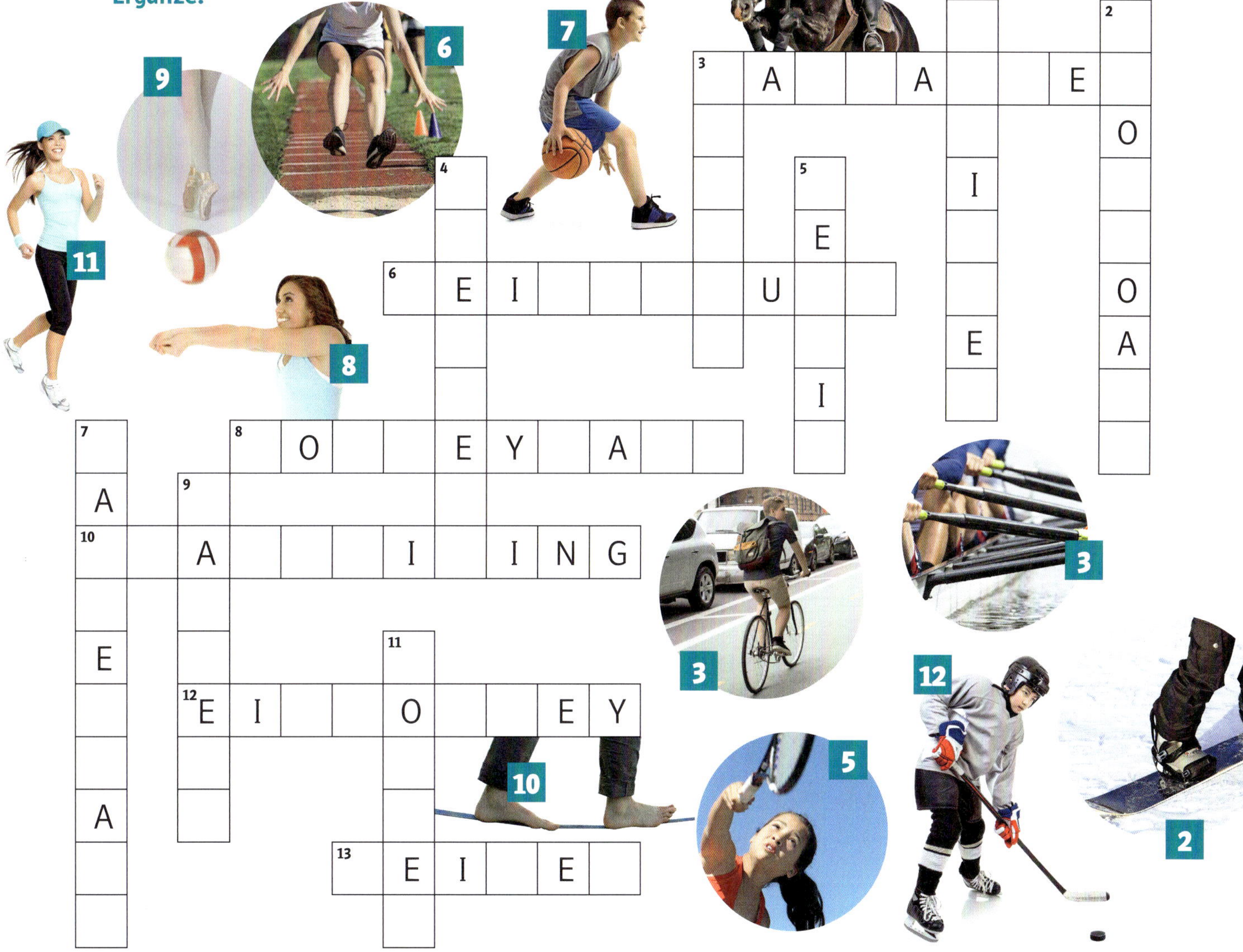

b **Arbeitet zu zweit. Schreibt vier Sportarten auf Karten. Mischt die Karten. A zieht eine Karte. B stellt Ja-/Nein-Fragen und rät. Dann wechselt ihr.**

Eishockey spielen

Fußball spielen

Skateboard fahren

Ist dein Sport schnell?

Ja.

Kann man das alleine machen?

Nein.

online 1

c **Welche Sportarten kennst du noch? Recherchiere im Internet und stelle eine Sportart in der Klasse vor. Beantworte die Fragen.**

Was ist …?

Wo kann man …?

Wann …?

Mit wem …?

Wie ist …?

Was kostet …?

2 a Lies noch einmal die Texte aus Aufgabe 2a im Kursbuch und kreuze an: Sind die Aussagen richtig oder falsch?

	richtig	falsch
1. Carlo macht seit sechs Jahren Sport.	☐	☐
2. Carlo hat schon zwei Turniere gewonnen.	☐	☐
3. Carlo mag auch andere Sportarten, zum Beispiel Basketball.	☐	☐
4. Joy findet tanzen nicht so gut.	☐	☐
5. Joys Vater hat ihr einen neuen Wagen gebaut.	☐	☐
6. Omar hat Parkour über seine Freunde kennen-gelernt.	☐	☐
7. Parkour ist nicht so leicht.	☐	☐
8. Omars Eltern finden seine Filme im Internet nicht gut.	☐	☐

b Vergleicht eure Lösungen zu zweit und korrigiert die falschen Aussagen.

Carlo hat …

c Welches Wort passt nicht? Markiere.

1. der Verein – der Club – das Team – das Turnier
2. gefährlich – spannend – lustig – cool
3. draußen – mit Musik – in einer Halle – im Garten
4. das Training – der Unterricht – die Regeln – der Kurs

online 2

d Welche Verben haben die gleiche Bedeutung? Ordne die Synonyme zu.

✦ ausprobieren ✦ beginnen ✦ ~~kennenlernen~~ ✦ gewinnen ✦ teilnehmen ✦ üben ✦

1. eine Sportart entdecken _kennenlernen_
2. mit dem Reiten anfangen ____________
3. bei etwas mitmachen ____________
4. einen Preis bekommen ____________
5. Figuren trainieren ____________
6. etwas Neues versuchen ____________

3 a Schreib die Sätze links im Präsens. Achtung: Ist das Verb trennbar oder nicht?

1. ● Jonas hat heute mit Ballett begonnen.
2. ● Wir haben uns für die Sport-AG angemeldet.
3. ● Haben deine Eltern das Training bezahlt?
4. ● Ich muss los! Mein Training hat schon angefangen.
5. ● Unser Lehrer hat die Übungen super erklärt.
6. ● Haben eure Eltern beim Turnier zugesehen?
7. ● Die Übung ist so schwer! Hast du sie verstanden?
8. ● Bist du zum Sportfest mitgegangen?

○ Echt? Ist ja toll!
○ Cool. Ich komme mit.
○ Keine Ahnung.
○ Okay, ciao!
○ Findest du?
○ Ja, klar.
○ Welche Übung?
○ Nee, das finde ich langweilig.

Partizipformen
trennbar mit *-ge-*
untrennbar ohne *ge-*

1. *Jonas beginnt heute mit Ballett.*

b Vergleicht zu zweit und lest die Mini-Dialoge erst im Präsens und dann im Perfekt.

online 3

c Voll im Trend – Ergänze den Text mit den Verben im Perfekt.

Hi Gina,

in der Schule ist gerade Projektwoche und ich ______________ an der Gruppe „Trendsport“ ____________________________ (teilnehmen). Ich ______________ mit BMX-Fahren und Slacklining ____________________ (anfangen). Und ich finde beides super! Ich ______________ auch Jule und Hannah von der Gruppe _______________ (erzählen). Deshalb ______________ sie heute ________________________ (mitkommen). Heute ______________ wir „Crunning“ ______________________________ (kennenlernen). Das ist ein Trendsport aus Australien. Man muss wie ein Tier auf Händen und Füßen laufen. Unser Lehrer ______________ uns alles genau _________________ (erklären) und wir ______________ alle __________________ (mitmachen). Das ist super lustig, aber auch total anstrengend. Sieh dir das mal auf Youtube an. Mir ______________ das sehr gut ____________ (gefallen). Und was machst du so?

Bis bald, Josy

d Sieh die Bilder an. Was ist passiert? Schreib zwei kurze Geschichten, die Wörter bei den Bildern helfen.

Gestern hat Nina Ronja um 15 Uhr ...

✦ Nina und Ronja ✦ um 15 Uhr treffen ✦ zum Basketball-Turnier gehen ✦

✦ im Team spielen ✦ alle Spiele gewinnen ✦ einen Pokal bekommen ✦

✦ im Verein feiern ✦ die Zeit vergessen ✦ zu spät kommen ✦ Ärger bekommen ✦

✦ Sascha ✦ spazieren gehen ✦ einem BMX-Fahrer zusehen ✦ gut gefallen ✦

✦ den Jungen kennenlernen ✦ Tricks erklären ✦

✦ BMX-Rad fahren ✦ super finden ✦

4 a Freizeit – Suche zwölf Wörter.

B	F	R	E	I	Z	E	I	T	P	A	R	K	E	K
R	K	A	R	T	F	A	H	R	E	N	E	F	A	S
Y	B	A	S	K	E	T	B	A	L	L	I	O	S	L
A	S	T	I	R	M	O	L	M	A	S	S	T	M	A
L	K	E	F	U	L	L	A	P	N	I	L	O	S	C
M	A	L	O	M	A	B	C	O	O	N	A	G	O	K
E	T	A	K	I	N	O	O	L	A	G	U	R	Y	L
H	E	J	D	H	E	W	M	I	H	E	F	A	Ü	I
N	B	P	U	D	D	L	P	N	P	N	E	F	T	N
S	O	T	T	N	A	E	U	P	N	A	N	I	C	I
T	A	E	K	H	F	N	T	A	C	S	K	E	L	N
R	R	K	L	E	T	T	E	R	N	W	U	R	Q	G
Ö	D	I	R	B	Y	O	R	K	E	Z	N	E	U	N
M	Ü	N	Z	E	R	H	A	L	K	B	U	N	O	Y

b Lies die Dialoge. Welches Wort passt? Kreuze an.

1. ● Wollen wir ins Kino gehen?
   ○ Nein, das ist zu ☐ teuer ☐ weit. Ich habe kein Geld mehr.
2. ● Wer findet Kartfahren gut?
   ○ Ich nicht. Ich habe Angst. Kartfahren ist doch ☐ langweilig ☐ gefährlich, oder?
3. ● Ich möchte am Samstag um 18 Uhr eislaufen. Dann gibt es in der Halle coole Musik.
   ○ Ich komme mit. Das ist sicher ☐ anstrengend ☐ lustig!
4. ● Wollen wir Basketball spielen?
   ○ Schon wieder? Keine Lust. Das ist ☐ langweilig ☐ gefährlich.
5. ● Wir gehen morgen klettern. Kommst du mit?
   ○ Das ist zu ☐ lustig ☐ anstrengend. Ich chille lieber oder spiele Computer.
6. ● Wir können nach der Schule in den Freizeitpark gehen.
   ○ Das ist zu ☐ weit ☐ teuer. Die Fahrt dauert fast eine Stunde.

5 a In A, B und C ist jeweils ein Ausdruck falsch. Streiche durch und schreib den Ausdruck an die richtige Stelle.

online 4

A einen Vorschlag machen	B einen Vorschlag ablehnen	C einen Vorschlag annehmen
Ich habe einen Vorschlag.	Ich darf nicht …	… mag ich nicht.
Das ist eine gute Idee!	Keine Lust.	Einverstanden.
Wir können ja …	Ich habe eine Idee.	Das machen wir!
Wollen wir vielleicht …?	______________	______________
______________		

1.07 **b** **Hör die Dialoge. Was wollen die Freunde machen? Welcher Satz passt zu welchem Dialog? Verbinde. Ein Satz bleibt übrig.**

Dialog 1

Dialog 2

Dialog 3

A Die Freunde wollen zu Hause einen Film sehen.

B Die Freunde wollen ins Kino gehen.

C Die Freunde wollen in den Trampolinpark gehen.

D Die Freunde wollen in den Freizeitpark gehen.

c **Ergänze die Dialoge.**

✦ Einverstanden ✦ wollen wir ✦ Ich habe ✦ machen wir ✦ Ich darf ✦ eine Idee ✦ Keine Lust ✦ Wir können ja ✦

Hallo Jana, __________ (1) nach der Schule in den Park gehen und chillen?

> Hi Nele! In den Park? __________ (2).

Was wollen wir dann machen?

> __________ (3) einen Vorschlag. Wir rufen Max und Paul an und dann fahren wir zusammen Skateboard.

Na gut. __________ (4).

Hallo Paul. Hast du nach der Schule Zeit?

> Hi Max. Ja. Ich habe __________ (5). Wir rufen Jana und Nele an und fahren dann zusammen Skateboard.

__________ (6) sechs Wochen nicht Skateboard fahren, hat der Arzt gesagt.

> Ach ja, dein Knie. __________ (7) in den Park gehen und chillen.

Cool. Das __________ (8)!

d **Sprecht die Dialoge aus 5c zu zweit.** oder **Sprecht zu zweit eigene Dialoge.**

6 **a** **Sag mal ... Wortakzent bei trennbaren und untrennbaren Verben – Lies und markiere den Wortakzent.**

1. erklären 2. mitfahren 3. gewinnen 4. bekommen 5. mitgehen
6. bezahlen 7. verkaufen 8. aufräumen 9. einkaufen 10. verstehen

1.08 **b** **Hör die Wörter aus 6a zur Kontrolle und sprich nach.**

1.09 **c** **Lies und hör die Sätze. Achte auf den Wortakzent bei den Verben. Lies die Sätze dann laut.**

1. Hast du dein Zimmer aufgeräumt?
2. Ich will das Turnier gewinnen.
3. Wann bekommst du dein eigenes Kart?
4. Willst du bei uns mitfahren?
5. Kann ich am Montag zum Training mitgehen?
6. Erklärst du mir die Regeln?

7 a Luis' Party – Was ist richtig? Kreuze an.

1. ● Hast du schon mit deiner ☐ Mutter ☐ Vater gesprochen?
   ○ Ja, ich darf zu Luis' Party gehen.
2. ● Fährst du mit deinem ☐ Roller ☐ Inlineskates zu Luis?
   ○ Ja, du auch?
3. ● Kennst du den Weg zu seinem ☐ Party ☐ Haus?
   ○ Ja, ich war schon mal da.
4. ● Kommt Jannik mit?
   ○ Nein, er ist am Wochenende bei seinem ☐ Tante ☐ Onkel.
5. ● Was hat Luis von seinen ☐ Eltern ☐ Bruder bekommen?
   ○ Das weiß ich nicht.
6. ● Du hast auch bald Geburtstag.
   ○ Ja, dann mache ich mit meinen ☐ Vater ☐ Gästen einen Ausflug.

b Lies die Nachrichten und ergänze die passenden Possessivartikel.

A
Hallo Papa, ich gehe mit ______________ (1) Freunden in den Park. Ich fahre mit ___________ (2) Fahrrad.
Und ich habe heute von ____________ (3) Lehrern keine Hausaufgaben bekommen! Cool, was?

B
Hi Lina, Caro kommt heute nicht. Sie hat Streit mit ________ (4) Mutter und sie muss mit __________ (5) Bruder zum Schwimmkurs. Danach fährt sie zu __________ (6) Vater.
Aber du kommst, oder?

C
Hi Justus, Mirko und ich fahren zuerst zu __________ (7) Trainer und holen ____________ (8) neuen Trikots ab. Die brauchen wir morgen. Um zwei sind wir in der Bibliothek und können mit _____________ (9) Chemie-Projekt anfangen. Okay?

online 5

c Nominativ, Akkusativ oder Dativ? Ergänze die Possessivartikel.

● Mama, hast du m____________________ (1) Rucksack gesehen?

○ Nein, ist er nicht in d____________________ (2) Zimmer?

● Nein! Ich brauche m________________ (3) Rucksack für den Schulausflug.

○ Dann nimm doch Papas Rucksack. Er braucht s____________________ (4) Rucksack heute nicht.

● Oh Mann, s____________________ (5) Rucksack ist so hässlich! Mama, kann ich nicht lieber mit d_______________ (6) Tasche zum Schulausflug gehen?

○ Mit m____________________ (7) Tasche? Ähm, also ich weiß gar nicht, wo sie ist.

● Ich habe d____________________ (8) Tasche schon gefunden. Also, darf ich sie benutzen?

○ Ähm …

● Danke, Mama! Bis später!

8 a **Sieh noch einmal die Grafik in Aufgabe 8a im Kursbuch an und ergänze den Text.**

1. *Freunde treffen* ist bei den Jugendlichen in Deutschland auf ______________ eins. Das machen ________% sehr oft.
2. *Musik hören* ist auf Platz _______, aber *Musik machen* ist nur auf Platz _________. Das machen nur ________% oft.
3. 25 % der Jugendlichen in Deutschland __________ oft ___________. Das ist Platz _____.
4. Auf Platz vier ist _______________ mit ________%.
5. _______________ __________ nur 20 % der Jugendlichen oft.

b **Was machst du oft in deiner Freizeit? Schreib einen kurzen Text in dein Heft.**

✦ In meiner Freizeit … ich sehr oft … ✦ Ich … auch oft … ✦ Manchmal … ich … oder … ✦
✦ … ich nicht so oft / selten / nie. ✦ In den / Ins / In die … gehe ich oft/manchmal/selten/nie. ✦

DSD I 1.10

c **Du hörst vier Nachrichten auf dem Anrufbeantworter. Lies zuerst die Aufgaben 1–4. Du hast dafür 60 Sekunden Zeit. Hör dann die Nachrichten und löse die Aufgaben beim Hören. Kreuze bei jeder Aufgabe die richtige Lösung (A oder B oder C) an. Danach hörst du die Nachrichten noch einmal.**

1. Morgen Nachmittag
   - A ☐ muss Jan ohne Max zum Eishockey gehen.
   - B ☐ muss Max für einen Test lernen.
   - C ☐ erklärt Max' Schwester ihm Physik.

2. Josefine
   - A ☐ rudert seit zwei Monaten im Ruderclub.
   - B ☐ will in den Ferien rudern.
   - C ☐ kann nach den Ferien im Club rudern.

3. Nilays Mutter
   - A ☐ arbeitet um 22 Uhr noch.
   - B ☐ hat mit Marcos Eltern telefoniert.
   - C ☐ holt Marco und Nilay vom Freizeitpark ab.

4. Luisa muss
   - A ☐ zu Hause bleiben.
   - B ☐ Teller mitbringen.
   - C ☐ Mara anrufen.

Kontrolliere beim zweiten Hören deine Lösungen.

9 **Lernen – üben – spielen. Arbeitet zu zweit. Was habt ihr letzte Woche gemacht? Wählt sechs Aktivitäten aus und schreibt sie in die Kreise. Fragt abwechselnd euren Partner/ eure Partnerin. Wer hat zuerst alle Aktivitäten vom Partner/von der Partnerin erraten?**

✦ einen Witz erzählen ✦ einen Freund/eine Freundin besuchen ✦ ✦ Freunde treffen ✦ beim Sport mitmachen ✦ an einem Wettkampf teilnehmen ✦ ein Lied singen ✦ um sechs Uhr aufstehen ✦ bei einem Spiel zusehen ✦ etwas gewinnen ✦ ✦ eine gute Note bekommen ✦ für einen Test lernen ✦ mit einem neuen Buch anfangen ✦ eine nette Person kennenlernen ✦ einem Schüler/ einer Schülerin etwas erklären ✦ das Zimmer aufräumen ✦ die Lieblings-serie ansehen ✦

Hast du letzte Woche an einem Wettkampf teilgenommen?

Nein. Bist du …

Wichtige Wörter

Seite 17

aus|probieren

das Ballett, -s

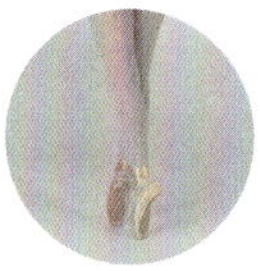

Eishockey

rudern

das Snowboard, -s

der Weitsprung

allein

balancieren

draußen

fallen *(fällt, ist gefallen)*

fit

gefährlich

gewinnen *(gewinnt, hat gewonnen)*

die **Gruppe**, -n

die **Halle**, -n

die Konzentration

möglich

die Regeln, -n

spannend

überall

der **Verein**, -e

vor|bereiten *(bereitet vor, hat vorbereitet)*

Seite 18

an|fangen *(fängt an, hat angefangen)*

an|melden *(sich) (meldet an, hat angemeldet)*

auf|hören *(hört auf, hat aufgehört)*

beginnen *(beginnt, hat begonnen)*

bekannt *(Die Band ist sehr bekannt.)*

damals

entdecken

die Figur, -en

filmen

früher

gerade

sich interessieren *(Ich interessiere mich für Sport.)*

irgendwann

die Kondition

kritisch

der **Kurs**, -e

die **Maschine**, -n

mit|gehen *(geht mit, ist mitgegangen)*

mit|spielen

noch nicht

der **Reifen**, -

springen *(springt, ist gesprungen)*

die Strategie, -n

super

teil|nehmen *(nimmt teil, hat teilgenommen)*

trainieren

träumen *(von + Dat.)*

das Turnen

verletzt

vorsichtig ____________

der **Wagen**, - ____________

zum Glück ____________

zu|sehen *(sieht zu, hat zugesehen)* ____________

auf|passen *(passt auf, hat aufgepasst)* ____________

Lieblings- *(Das ist mein Lieblingssport.)* ____________

manchmal ____________

mehrere ____________

zeigen ____________

Seite 19

die AG, -s *(Ich bin in der Sport-AG.)* ____________

vergessen *(vergisst, hat vergessen)* ____________

versuchen ____________

die Runde, -n ____________

Seite 20

der **Vorschlag**, Vorschläge ____________

eis|laufen *(läuft eis, ist eisgelaufen)* ____________

der Nachteil, -e ____________

Seite 21

ab|lehnen *(lehnt ab, hat abgelehnt)* ____________

an|nehmen *(nimmt an, hat angenommen)* ____________

Bescheid sagen ____________

bowlen ____________

einverstanden ____________

der Trampolinpark, -s ____________

vor|schlagen *(schlägt vor, hat vorgeschlagen)* ____________

Seite 22

bestimmt *(Das erlauben meine Eltern bestimmt nicht.)* ____________

Fahrrad fahren *(fährt, ist gefahren)* ____________

das **Geschenk**, -e ____________

Seite 23

der Freizeitpark, -s ____________

die Grafik, -en ____________

die Aktivität, -en ____________

die Überschrift, -en ____________

verbringen *(verbringt, hat verbracht)* ____________

womit *(Womit verbringst du deine Freizeit?)* ____________

der **Platz**, Plätze *(auf Platz 1 sein)* ____________

die Umfrage, -n ____________

dauern ____________

die **Nähe** ____________

Was kann ich?

1

Ich kann über Sportarten sprechen.
→ KB/ÜB A1, A2

A

B

C

✦ Wo? ✦ Mit wem? ✦
✦ Wann? ✦ Wie ist …? ✦

☺ 😐 ☹

2

Ich kann Vorschläge machen, annehmen und ablehnen.
→ KB/ÜB A5

1

Zeit 👎

2

Zeit 👍

3

lernen 👎

☺ 😐 ☹

3

Ich kann über eine Grafik sprechen.
→ KB/ÜB A8

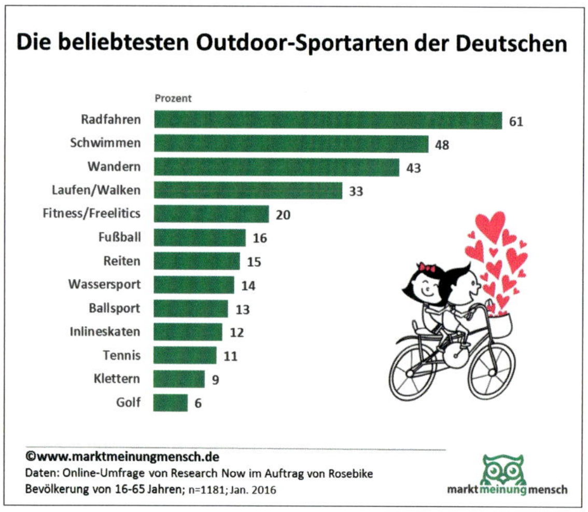

Auf Platz …
… Prozent der Deutschen …
Nur … Prozent …

☺ 😐 ☹

So lerne und übe ich

4

Ich lerne die Betonung immer mit.

☐ manchmal ☐ oft ☐ nie

anfangen:
Willst du anfangen?
Das Training hat angefangen.

vergessen:
Vergiss deine … ______
______

mitmachen:
______
______

Zeig dein Talent! 3

1 a Welche Show oder welcher Wettbewerb passt zu welcher Person? Ordne zu.

A

B
deutscher jugend fotopreis

C

D

E

F

G

1. _____ Lea liest gern und weiß wirklich viel.
2. _____ Maja ist sehr sportlich und kann Akrobatik wirklich gut.
3. _____ Max kann sehr gut Klavier spielen.
4. _____ Elisa findet Technik total interessant und hat gute Ideen.
5. _____ Paul macht super Kuchen und Torten. Er probiert gern Rezepte aus.
6. _____ In der Schule ist Greta in der Theater-AG. Das macht ihr viel Spaß.
7. _____ Valentin fotografiert gern und ist wirklich kreativ.

online 1

b Wie heißen die Wörter? Schreib.

1. HSOW	die ________________	4. MPUBULIK	das ________________
2. RBWEBETTWE	der ________________	5. RJYU	die ________________
3. MTOOENRADRI	die ________________	6. DAANDKIT	der ________________

c Was passt zusammen? Verbinde.

1. ein Instrument	A besuchen
2. Fragen	B spielen
3. die richtige Antwort	C gewinnen
4. einen Workshop	D backen
5. einen Preis	E stellen
6. eine Torte	F sagen

2 a Was ist wann in der Schule los? Schreib wie im Beispiel.

1. Der Wandertag ist am achtzehnten September.
2. Das Klassensprechertreffen ist ______
3. Der Talentwettbewerb ist ______
4. Der Projekttag ist ______
5. Der Sportwettbewerb ist ______
6. Das Schulfest ist ______

1.11

b Wann ist das? Hör und notiere das Datum.

a 11.04. c ______ e ______ g ______
b ______ d ______ f ______ h ______

c Sprecht zu zweit und notiert das Datum.

A		B	
Mathetest		Mathetest	07.12.
Henris Geburtstag	06.01.	Henris Geburtstag	
Ausflug		Ausflug	20.08.
Englischtest	25.06.	Englischtest	
Schulkonzert		Schulkonzert	01.03.
Klassenparty	01.07.	Klassenparty	
Maries Geburtstag		Maries Geburtstag	15.02.

Wann ist der Mathetest?

Am siebten Zwölften.

online 2

d Was ist richtig? Markiere.

1. ● Welches Datum ist heute? ○ Heute ist der fünfzehnte / fünfzehnten September.
2. ● Kommst du am zweite / zweiten Oktober zu dem Klassensprechertreffen? ○ Nein, da habe ich keine Zeit.
3. ● Das Casting ist am vierte / vierten Oktober, oder? ○ Nein, das Casting ist am Montag und das ist der achte / achten Oktober.
4. ● Der Wettbewerb ist am Freitag. Das ist der elfte / elften Oktober. ○ Nein, Freitag ist der zwölfte / zwölften Oktober.
5. ● Wann fahren wir nach Berlin? Am vierte / vierten November? ○ Keine Ahnung.

3

3 a Was ist richtig? Kreuze an.

1. ● Was ☐ soll ☐ sollen ☐ sollt wir machen?
   ○ Gruppe A ☐ soll ☐ sollst ☐ sollt das Lied üben und Gruppe B den Text.
2. ● Ihr ☐ soll ☐ sollt ☐ sollen das Zimmer aufräumen.
   ○ Wer hat das gesagt?
3. ● Wo sind Kim und Marie?
   ○ Herr Heringer hat gesagt, sie ☐ soll ☐ sollt ☐ sollen zum Hausmeister gehen.
4. ● Was hat Frau Bauer gesagt? Was ☐ soll ☐ sollst ☐ sollen ich machen?
   ○ Oh Mann! Sie hat gesagt, du ☐ soll ☐ sollst ☐ sollen besser zuhören.

online 3

b Ergänze die Tabelle.

sollen					
ich	du	er/es/sie	wir	ihr	sie/Sie
			sollen		

c Formuliere Sätze mit sollen.

1. *Kim soll ihr Zimmer aufräumen.*
2. ______________________________
3. ______________________________
4. ______________________________
5. ______________________________
6. ______________________________

d Welches Modalverb passt? Ergänze in der richtigen Form.

1. ● Wir üben heute für den Wettbewerb. ________ (wollen/sollen) du auch kommen?
   ○ Ich ________ (müssen/können) leider nicht kommen. Ich ________ (müssen/dürfen) heute Nachmittag mit meiner Schwester lernen.
2. ● Herr Holzmann hat gesagt, wir ________ (dürfen/sollen) das Gedicht üben.
   ○ Was? Aber wir ________ (müssen/wollen) auch die Hausaufgaben machen.
3. ● Wie lange ________ (dürfen/müssen) du auf dem Schulfest bleiben?
   ○ Meine Eltern haben gesagt, ich ________ (wollen/sollen) um neun Uhr zu Hause sein.

4 a Auf Komplimente reagieren – Ergänze die Antworten.

online 4

1. Du sprichst echt gut Deutsch. F __ n __ e __ __ d __ w __ __ __ __ __ __ __ ?
2. Du bist wirklich lustig. D __ __ __ e. D __ a __ c __!
3. Du kannst so gut malen. E __ __ t? Danke!
4. Du bist echt cool. Oh, d __ __ i __ __ n __ __ __!

DSD I 1.12

b Interview mit Janina – Lies zuerst die Sätze 1-5. Du hast dafür eine Minute Zeit. Hör dann das Interview und löse die Aufgaben beim Hören. Kreuze bei jeder Aufgabe (1–5) an: Richtig oder falsch? Danach hörst du das Interview noch einmal.

Janina Strauss ist 14 Jahre alt, geht in die 8. Klasse am Gymnasium und hat ein großes Talent: Sie spielt schon acht Jahre Klarinette – und das richtig gut. Sie ist auch Klassensprecherin. Du hörst ein Interview mit ihr.

Du verstehst nicht jedes Wort? Keine Panik! Zum Lösen der Aufgaben muss man nicht jedes Wort verstehen.

	richtig	falsch
1. Musik ist in Janinas Familie sehr wichtig.	☐	☐
2. Janina hat vor Konzerten immer Angst.	☐	☐
3. Die Schule ist für Janina kein Problem.	☐	☐
4. Janina liebt den Musikunterricht in der Schule.	☐	☐
5. Sie hilft anderen gern und möchte deshalb später als Lehrerin arbeiten.	☐	☐

5 a Was passt zusammen? Verbinde.

1. Ich bin wütend.
2. Ich bin froh.
3. Ich habe Angst.
4. Ich sage: Es tut mir leid.
5. Ich gehe ganz schnell.

A Ich freue mich.
B Ich traue mich nicht.
C Ich ärgere mich.
D Ich beeile mich.
E Ich entschuldige mich.

b Was passt? Ergänze die Verben und ordne die Bedeutung zu.

✦ ent ✦ halten ✦ aus ✦ bereiten ✦ ten ✦

1. sich vor__________
2. sich __________ruhen
3. sich strei__________
4. sich unter__________
5. sich __________scheiden

A wütend auf jemanden sein
B mit jemandem reden
C üben
D etwas auswählen
E chillen

6 a Welches Pronomen passt? Ergänze.

1. ich freue mich
2. __________ ärgerst dich
3. er entschuldigt __________
4. wir beeilen __________
5. __________ traut euch
6. sie unterhalten __________

b **Ergänze das passende Pronomen in den Dialogen.**

1. ● Hey, was ist mit dir und Luisa los?
   ○ Wir haben uns gestritten. Aber Luisa hat ________________ heute entschuldigt.
2. ● Freut ihr ________________ schon? Das Casting ist ja bald.
   ○ Ja, aber wir müssen ________________ noch gut vorbereiten.
3. ● Was ist mit Leni?
   ○ Sie kann ________________ nicht entscheiden. Sie findet beide Kleider schön.
   ● Aber, wir müssen ____________ jetzt wirklich beeilen. Der Bus kommt gleich. Sie soll schnell machen.
4. ● Ärgere ________________ nicht. Das nächste Mal hast du sicher wieder eine 2 in Mathe.
   ○ Du hast recht, sich ärgern hilft auch nicht.

c **Ordne und schreib die Sätze.**

1. Ihr – jetzt wirklich – euch – müsst – beeilen – .   Ihr müsst euch jetzt wirklich beeilen.
2. Er – Angst – hat – und – sich – traut – nicht – . ________________
3. Mia – sich – hat – heute in der Schule – geärgert – . ________________
4. Max und Mia – unterhalten – in der Mensa – sich – . ________________
5. Paula – zu spät – deshalb – sich – ist – sie – entschuldigen – will – . ________________
6. Die Jugendlichen – wollen – gut – vorbereiten – sich – . ________________

7 **a** **Sag mal ... Langes oder kurzes *e*? – Lies leise und kreuze an. Hör dann zur Kontrolle.**
oder **Hör und kreuze an.**

1.13

1. Ferien	lang ☐	kurz ☐	4. der Wettbewerb	lang ☐	kurz ☐
2. sich entscheiden	lang ☐	kurz ☐	5. der Dezember	lang ☐	kurz ☐
3. der Test	lang ☐	kurz ☐	6. sehen	lang ☐	kurz ☐

b **Arbeitet zu zweit. Sprecht abwechselnd kurze Sätze mit den Wörtern aus 7a. Der Partner / Die Partnerin achtet auf die Betonung.**

Wann sind endlich Ferien?

Emil muss sich jetzt schnell entscheiden.

8 **a** **Lies den Artikel in Aufgabe 8b im Kursbuch und ordne die Informationen wie im Artikel.**

	Millionen Fans abonnieren die Kanäle und sehen die Videos.
1.	Viele Jugendliche nutzen oft soziale Netzwerke wie Youtube.
	Youtube-Stars verdienen viel Geld mit Werbung für Produkte.
	Jugendliche mögen Youtuber heute oft lieber als Musiker oder Sportler.
	Youtuber drehen Videos zu Mode, Computerspielen, Musik und mehr.

b **Welches Verb passt? Markiere.**

1. Viele Jugendliche folgen/haben ein eigenes Profil in einem sozialen Netzwerk.
2. Viele Youtuber sind sehr bekannt und haben/abonnieren viele Follower und Fans.
3. Die Youtuber drehen/sehen ihre Videos zu Hause.
4. In den Videos machen/geben sie Tipps zu Themen wie Beauty oder Backen.
5. Die Fans sehen/abonnieren die Youtube-Kanäle.
6. Die Stars zeigen/drehen in ihren Videos Produkte und machen so Werbung.

c **Internationale Wörter – Ergänze die Erklärungen.**

✦ Kontakt ✦ Fan ✦ Profil ✦ Star ✦

1. eine berühmte Person total gut finden – ein ____________________ von ihr sein
2. sehr berühmt und bekannt sein – ein ____________________ sein
3. Nachrichten schreiben und bekommen – ____________________ zu anderen haben
4. eine Seite mit Informationen zur Person (Name, Hobbys …) auf Instagram haben – ein ____________________ auf Instagram haben

9 **a** **Eine Youtuberin aus Deutschland – Lies die Informationen und verbinde.**

Allgemeine Informationen

1. **Name**	A über 5 Millionen
2. **Sprache**	B BibisBeautyPalace
3. **Themen**	C Deutsch
4. **Kanal**	D 2012
5. **aktiv seit**	E Bianca Claßen
6. **Abonnenten**	F Lifestyle, Kosmetik, Comedy

b **Ergänze den Text. Die Informationen aus 9a helfen.**

Die ____________________ (1) Bianka Claßen ist in Deutschland sehr berühmt. Ihr ____________________ (2) heißt BibisBeautyPalace. Sie macht Videos zu den ____________________ (3) Lifestyle, Kosmetik und Comedy. Den Kanal gibt es schon seit ____________________ (4). Mehr als 5 Millionen Menschen haben ihn ____________________ (5).

10 **a** **In der Freizeit – Lies die Texte von zwei Jugendlichen. Wer sagt was? Kreuze an.**

Paul, 14

Nach den Hausaufgaben lese ich viel, am liebsten mag ich Fantasy-Bücher. Ich spiele auch gern Computer und bin oft am Handy. Radio höre ich fast nie und ich lese nur selten Zeitung. Ich bin jeden Tag etwa zwei Stunden mit dem Handy oder mit dem Computer im Internet. Meistens sehe ich Videos, am liebsten Let's Plays. Ich chatte mit meinen Freunden oder spiele mit ihnen im Netz.

Isabel, 15

In meiner Freizeit sehe ich gern fern. Bücher lese ich nur für die Schule. Das macht mir keinen Spaß. Ich mag auch keine Computerspiele. Ich bin viel online, drei bis vier Stunden am Tag. Meist chatte ich mit Freundinnen oder sehe mir auf dem Handy DIY-Videos an. Oft mache ich die Sachen dann selbst, zum Beispiel backen. Ich nutze das Internet auch zum Lernen und ich sehe gern Filme.

	Paul	Isabel
1. Mein Handy, den Computer und Bücher nutze ich oft.	☐	☐
2. Ich mag Fernsehen.	☐	☐
3. Ich lese nur selten.	☐	☐
4. Ich bin jeden Tag zwei Stunden online.	☐	☐
5. Ich schreibe anderen oft und bekomme Nachrichten.	☐	☐
6. Im Netz sehe ich gern Videos oder ich mache etwas für die Schule.	☐	☐

b Medien in deiner Freizeit – Schreib einen kurzen Text. Die Beispiele in 10a helfen.

In meiner Freizeit nutze ich oft ...

11

Erlaubt oder nicht? Ergänze die Sätze.

A

Hier _darf_ man nicht fotografieren. Es ist _verboten_.

B

Sprechen ist hier nicht ________. Wir ________ leise sein.

C

Hier ________ du telefonieren. Es ist ________.

D

Essen und Trinken ist hier ________.

E

Hier ________ ihr Rad fahren. Es ist nicht ________.

12

online 5

Lernen – üben – spielen. Arbeitet zu zweit. Erlaubt oder verboten? Person 1 wählt etwas aus der Liste und fragt. Person 2 wirft eine Münze und antwortet (Kopf = erlaubt, Zahl = verboten).

- allein mit Freunden ins Konzert gehen
- allein zu Verwandten reisen
- bis 24:00 Uhr ausgehen
- am Wochenende bis zum Mittagessen schlafen
- am Wochenende oft bei Freunden schlafen
- Filme/Serien ab 16 sehen
- jeden Tag Chips und Süßigkeiten essen

Darfst du allein mit deinen Freunden ins Konzert gehen?

Nein, leider darf ich nicht. Meine Eltern haben es verboten.

Ja, meine Eltern erlauben das.

Perfekt

1.14

Hör die Gespräche und ergänze die Verbformen im Perfekt.

1. ● Und, weißt du jetzt welche AG du machst?
   ○ Ja, ich ________ mich ________. Ich mache die Zirkus-AG, und was willst du machen?
2. ● Wo ist eigentlich Armir?
   ○ Den habe ich gerade an der Bushaltestelle gesehen. Er ________ sich mit Eveline ________. Er kommt sicher gleich.
3. ● Was ist denn los, warum sagt Tina nichts und geht weg?
   ○ Wir ________ uns gestern ________. Das war echt doof. Ich muss mich bei ihr entschuldigen.

Ab jetzt findest du in jedem Kapitel eine Übung zu den unregelmäßigen Perfektformen. Lerne die Formen auswendig!

Wichtige Wörter

Seite 25

der **Preis**, -e
die Jury, -s
der Kandidat, -en
die Kandidatin, -nen

der Moderator, -en
die Moderatorin, -nen
musizieren
das Publikum
die Show, -s
Fragen stellen
das Talent, -e
der **Wettbewerb**, -e
wissen *(weiß, hat gewusst)*
die Akrobatik
besondere, -r
das Forschungsprojekt, -e
das **Instrument**, -e
die Theatergruppe, -n
das **Stück**, -e
der Teilnehmer, -
die Teilnehmerin, -nen
der **Workshop**, -s

Seite 26

mit|machen
bekommen
das Casting, -s
der Gewinner, -
die **Hilfe**, -n
der Klassensprecher, -
die Klassensprecherin, -nen
möglich
der **Raum**, Räume
die Organisation
organisieren
zaubern
der Helfer, -
die Helferin, -nen
das **Datum**, Daten
der **Ausflug**, Ausflüge
die Klassen**party**, -s
das **Team**, -s
statt|finden *(findet statt, hat stattgefunden)*

Seite 27

der Auftritt, -e
dekorieren
ein|laden *(lädt ein, hat eingeladen)*
planen
sollen *(soll, hat gesollt/sollen)*
das Kompliment, -e
talentiert
üben
wirklich
witzig

Seite 28

sich ärgern
sich aus|ruhen
sich beeilen
sich entscheiden *(entscheidet, hat entschieden)*

sich entschuldigen
sich streiten *(streitet, hat gestritten)*

sich freuen
sich trauen
das Cello, Celli
doch *(Mach doch einfach mit!)*
einfach
sich fühlen
klappen *(Das Tanzen klappt gut.)*
skaten

sich unter|halten *(unterhält, hat unterhalten)*
vor|bereiten
sich setzen

Seite 29

an|fangen *(fängt an, hat angefangen)*
das **Sofa**, -s

aus|breiten
klatschen

Seite 30

abonnieren
bedeuten
der **Fan**, -s
der Follower, -
die Followerin, -nen
der Kanal, Kanäle
liken
das soziale Netzwerk, -e
der Youtuber, -
aktuell
der **Tipp**, -s
begründen
berühmt
besonders
dabei *(Die Fans sind immer dabei.)*
drehen *(ein Video drehen)*
folgen
die Klamotte, -n
der **Kontakt**, -e
die **Kosmetik**
der **Laptop, -s**
der Lebensstil, -e
die Million, -en
mindestens
der **Musiker**, -
die **Musikerin**, -nen
das **Produkt**, -e
der **Schauspieler**, -
die **Schauspielerin**, -nen
schminken
das Smartphone, -s
der **Star**, -s
das **Tablet**, -s
testen
das Vorbild, -er
die Werbung, -en
der **Witz**, -e
schließen *(schließt, hat geschlossen)*
aktiv
das Netz, -e

Seite 31

das Medium, Medien
chatten
das **E-Book**, -s
das **Gerät**, -e
herunter|laden *(lädt herunter, hat herunt-ergeladen)*
die Mediennutzung
selten
im Internet **surfen**
die **Webseite**, -n
erlauben
die **Erlaubnis**
das Profil, -e
verbieten *(verbietet, hat verboten)*
das **Verbot**, -e

Was kann ich?

1

Ich kann über Daten und Termine sprechen. ☺ 😐 ☹

→ KB/ÜB A2

Welcher Tag ist heute?

Heute ist der …

Wann hast du Geburtstag?

Ich habe am … Geburtstag.

2

Ich kann anderen Komplimente machen und auf Komplimente reagieren. ☺ 😐 ☹

→ KB/ÜB A4

1. ● Du ________________ echt sportlich.
   ○ Findest du wirklich? Danke.
2. ● Ich finde, du __________________ malen. Deine Bilder sind toll.
   ○ Oh, ______________________, danke.
3. ● Ich ________________ dich total nett.
   ○ _________? Ich dich auch.

3

Ich kann über Erlaubnisse und Verbote sprechen. ☺ 😐 ☹

→ KB/ÜB A11

Ich darf … Meine Eltern …

Ich darf nicht … Meine Eltern haben …

Wir dürfen in der Schule nicht … Es ist …

So lerne und übe ich

4

Ich lese zuerst die Aufgaben und achte beim Hören auf Schlüsselwörter. ☐ manchmal ☐ oft ☐ nie

1.15

Stars auf YouTube

Julien Bam ist mein Lieblingsstar auf Youtube. Auf seinem Kanal kann ich jede Woche neue **Musik und Tanzvideos** sehen. Er singt und tanzt super. Die Videos sind auf **Deutsch** und total lustig.

Den Kanal gibt es schon lange. **2012** hat Julien Bam die ersten Videos gemacht. Heute haben mehr als **5 Millionen** Leute seinen Kanal **abonniert**. Jetzt möchte ich euch noch mehr über den Youtuber erzählen, zuerst …

Name des Kanals:	Julien Bam
Themen der Videos:	
Sprache:	
aktiv seit:	
Abonnenten:	

Testtraining 1

Sprechen Teil 1

1 a Fragen zur Person – Lies die Fragen und die Antworten zu der Karte. Was passt zusammen? Ordne zu.

> Fragen zur Person
>
> **Sprachen?**

1. ____ Welche Sprachen sprichst du?
2. ____ Warum lernst du Deutsch?
3. ____ Was ist deine Muttersprache?
4. ____ Welche Sprache möchtest du gern lernen?

A Koreanisch finde ich interessant. Ich liebe koreanische Popmusik und finde das Land sehr spannend. Aber ich glaube, die Sprache ist zu schwer für mich.

B Ich lebe in Spanien, Spanisch ist also meine Muttersprache. Das ist praktisch, denn man spricht diese Sprache in vielen Ländern.

C Ich habe Deutsch gewählt, denn ich möchte später ein paar Monate in Deutschland leben und dort in eine Schule gehen, zum Beispiel in Hamburg. Die Stadt finde ich interessant.

D Ich spreche Türkisch als Muttersprache und ich lerne Englisch und Deutsch in der Schule. Deutsch finde ich schwer. Englisch macht mir viel Spaß.

b Sammelt in der Klasse Fragen zum Thema *Schule* und schreibt sie an die Tafel.

> Fragen zur Person
>
> **Schule?**

Gehst du gern zur Schule?
In welche Klasse gehst du? …

Die Frage muss zum Thema „sich vorstellen“ und zum Wort auf der Karte passen. In der Frage muss das Wort auf der Karte aber nicht vorkommen.

c Formuliert in der Klasse Antworten zu den Fragen aus 1b. Seht euch als Beispiel auch noch einmal die Antworten aus 1a an.

Gehst du gern zur Schule? – Ja, ich gehe gern zur Schule. Ich mag nicht alle Fächer, aber meine Noten sind okay. Ich treffe jeden Tag meine Freunde und die meisten Lehrer sind nett.

In welche Klasse gehst du? – Ich bin 15 und gehe in die …

Strategie

Antworte in der Prüfung nicht nur mit einem Satz. Antworte mit zwei bis drei Sätzen zu jeder Frage.

d Lies die Wörter auf den Karten. Schreib zu jeder Karte eine Frage ins Heft.

> Fragen zur Person
>
> **Geschwister?**

> Fragen zur Person
>
> **Hobbys?**

e Tausch das Heft mit einem Partner/einer Partnerin. Schreib die Antworten zu seinen/ihren Fragen.

f Vergleicht Fragen und Antworten in der Klasse.

g **Jetzt wie in der Prüfung:**

Du bekommst vier Karten und stellst mit diesen Karten vier Fragen. Dein Partner/deine Partnerin antwortet. Dann stellt dein Partner/deine Partnerin vier Fragen und du antwortest.

Fragen zur Person	Fragen zur Person
Tiere?	**Wohnort?**
Fragen zur Person	Fragen zur Person
Fächer?	**Sprachen?**

Fragen zur Person	Fragen zur Person
Freunde?	**Freizeit?**
Fragen zur Person	Fragen zur Person
Geburtstag?	**Land?**

Strategie

Das Thema in diesem Teil heißt immer „Fragen zur Person". Die Stichwörter sind ähnlich. Überlege vor der Prüfung: Was kannst du zu den Stichwörtern aus 1a bis g über dich sagen? Gute Vorbereitung macht dich sicher.

In der Prüfung ziehst du vier Karten. Du kannst nicht wählen. Du hast kurz Zeit und kannst die Wörter lesen.

Hören Teil 1

2 **a** **Lies die Aufgabe, hör dann die Durchsage und kreuze die richtige Antwort an.**

1.16

Welche Schüler sollen in die Sporthalle gehen? Alle Schüler …

- [a] aus der Klasse von Frau Talmann.
- [b] mit Fragen zum Casting.
- [c] aus der Zirkus-AG.

b **Lies jetzt die Durchsage. Ist deine Antwort in a richtig? Kontrolliere.**

Achtung! **Schülerinnen und Schüler** der **Klassen** fünf bis zehn! Wollt ihr beim Talentwettbewerb mitmachen? Dann kommt um 14:00 Uhr in die Sporthalle. **Frau Talmann** und Herr Pfeiffer informieren über das **Casting** für den Wettbewerb und beantworten eure Fragen. Die **Zirkus-AG** findet heute nicht statt. Ende der Durchsage.

Strategie

Achtung! Alle Schlüsselwörter aus den Antworten kommen in den Texten vor, aber nur eine Antwort ist richtig. Lies vorher genau. Du hast für jede Aufgabe 15 Sekunden Zeit zum Lesen.

1.17

c **Lies die Aufgabe, hör dann und kreuze die richtige Antwort an. Hör dann noch einmal zur Kontrolle.**

Was sagt Julie zum Thema Mediennutzung?

- [a] Sie mag keine Bücher und Zeitschriften.
- [b] Sie schickt mit dem Handy Nachrichten an Freunde.
- [c] Sie spielt Computerspiele am Laptop.

Strategie

Du hörst die Texte immer zweimal. Kontrolliere beim zweiten Hören deine Lösung.

1

1.18 **d Jetzt wie in der Prüfung:**

Du hörst **fünf** kurze Texte. Du hörst jeden Text **zweimal**.

Wähle für die Aufgaben 1 bis 5 die richtige Lösung [a], [b] oder [c].

1 Die Schüler aus den Klassen acht bis zehn sollen …

[a] am Nachmittag zum Sportfest kommen.

[b] bis zum 26. Mai ihre Sportarten wählen.

[c] zu den Sportlehrern gehen.

2 Jenny ist sauer, denn Nele …

[a] hat ihrer Mutter geholfen.

[b] kommt oft zu spät.

[c] war nicht ehrlich.

3 Ein Mädchen dankt für …

[a] eine Tasche.

[b] ein Handy.

[c] Fotos.

4 Wie bekommt man Informationen zum Sprachcamp?

[a] Man geht zum Büro von Radio Cora.

[b] Man schreibt eine E-Mail an Radio Cora.

[c] Man telefoniert mit dem Büro von Radio Cora.

5 Ein Junge möchte wissen: Kann Lennart … für das Casting proben?

[a] am Freitag

[b] am Samstag

[c] am Sonntag

Lesen Teil 1

3 a Lies den Anfang von einem Artikel und kreuze die richtige Antwort an.

Yodahe bringt Bewegung in den Tag

Ein neues Fitnessprogramm für alle **Sport**-Fans. Du trainierst bequem von zu Hause ohne teure Kurse. Denn mit der Fitness-**App Yodahe** ist das **Handy** dein **Trainer**. **Yodahe**

macht dich **fit** in nur **fünfzehn** Minuten pro **Tag**. Die **App** kannst du 30 **Tage kostenlos** testen und danach für 7,95 Euro kaufen.

Yodahe …

[a] ist eine Sport-App für das Handy.

[b] kostet nichts.

[c] macht alle in 15 Tagen fit.

Strategie

Schlüsselwörter aus den Aufgaben stehen ähnlich im Text. Lies die Aufgabe. Suche dann im Text nach den Schlüsselwörtern oder Wörtern mit ähnlicher Bedeutung. Lies diesen Textteil genau.

b Jetzt wie in der Prüfung:

Du liest in einer Zeitung diesen Text.
Wähle für die Aufgaben 1 bis 5 die richtige Lösung [a], [b] oder [c].

Parkour

Parkour ist eine besondere Art der Bewegung von einem Ort zu einem anderen. Der Sport kommt aus Frankreich, ist aber heute in vielen Ländern bekannt und sehr beliebt. Trainieren kann man immer und fast überall.

Man klettert und springt durch die Stadt oder den Park. Einen Sportplatz, Geräte oder eine Halle braucht man nicht.

Parkour sieht einfach und cool aus. Leicht ist es aber nicht. Du kannst die Bewegungen nicht einfach in Youtube-Videos sehen und dann gleich selbst machen. Du musst sehr viel trainieren, denn ohne Technik sind die Figuren sehr gefährlich und du kannst dich leicht verletzen.

Parkour-Training

Am besten trainierst du in einer Gruppe. So kannst du von anderen lernen und das Training macht mehr Spaß. Aber du musst nicht in einem Verein trainieren. Du kannst andere Parkour-Fans auf Plätzen in der Stadt oder im Park treffen.

Ein Sport für alle Altersgruppen

Man kann in jedem Alter mit Parkour anfangen. Aber besonders Jugendliche finden diesen Sport toll. Kinder können noch nicht alle Bewegungen und Figuren machen. Für alte Menschen ist das Training vielleicht zu anstrengend. Junge Leute können Parkour besser lernen.

Parkour hat einen großen Vorteil: Es ist nicht teuer, denn man braucht keine besonderen Sachen wie Trikots oder Sportschuhe. Die Kleidung muss nur bequem sein und zur Jahreszeit passen. Eine Flasche Wasser muss man bei jedem Training dabeihaben, denn Parkour ist wirklich anstrengend.

Beispiel

0 Parkour …

[a] ist eine bestimmte Bewegung an einem Ort.

[b] ist nur in Frankreich beliebt.

[X] kann man zu jeder Zeit machen.

1 Parkour trainiert man …

[a] auf dem Sportplatz.

[b] in der Sporthalle.

[c] in der Stadt oder im Park.

2 Die Bewegungen beim Parkour …

[a] brauchen Übung und eine gute Technik.

[b] lernt man leicht mit Youtube-Videos.

[c] sehen schwer und anstrengend aus.

3 Man trainiert Parkour am besten …

[a] im Stadtpark.

[b] in einem Verein.

[c] mit anderen zusammen.

4 Parkour …

[a] dürfen Kinder nicht trainieren.

[b] lernen junge und alte Menschen leicht.

[c] mögen besonders Jugendliche.

5 Man braucht für das Training …

[a] besondere Kleidung.

[b] genug Wasser.

[c] teure Schuhe.

Wir sind unterwegs 4

1 online 1

a Welches Verb passt? Sieh die Bilder an und ordne die Verben zu.

✦ schreien ✦ wegbringen ✦ spielen ✦ haben ✦ ~~haben~~ ✦ tanzen ✦ kriegen ✦ lösen ✦ sammeln ✦

Küchendienst _haben_

einen Schreck ____________

Holz ____________

Angst vor Spinnen ____________

laut ____________

ein Spiel ____________

eine Aufgabe ____________

komisch ____________

Geschirr ____________

b Suche Wörter in der Wortschlange und ergänze die Sätze mit den Wörtern. Zwei Wörter bleiben übrig.

TEAMWALDEKLIGGEWINNENPEINLICHHOLZZUSAMMENRUNTERFALLENANGST

1. ● Kyra findet Spinnen total ____________.
   ○ Ich auch. Ich habe ____________ vor Spinnen.
2. ● Pass auf, das Geschirr kann ganz leicht ____________.
   ○ Ich passe ja auf!
3. ● Wir haben ein Spiel gespielt. Unser ____________ hat leider verloren.
   ○ Oh, schade. Na ja, man kann nicht immer ____________.
4. ● Weißt du noch? Letztes Jahr haben wir alle ____________ auf dem Schulfest Lieder gesungen.
   ○ Ach ja, das war so ____________!

2 a Was packst du für die Klassenfahrt ein? Ergänze die Artikel.

_______ Bikini	_______ Chips	_______ Schokolade	_______ Wasser	_______ Musik
_______ T-Shirt	_______ Regenjacke	_______ Buch	_______ Karten	_______ Jeans
_______ Pullover	_______ Geld	_______ Saft	_______ Süßigkeiten	

b Sortiere die Wörter aus 2a in Gruppen. Vergleicht zu zweit und schreibt zu jeder Gruppe zwei weitere Wörter mit Artikel.

c Oles Unfall - Ergänze den Text.

✦ Arzt ✦ verletzt ✦ Spritze ✦ weh ✦ Verband ✦

Hey, ich hatte einen Unfall und mein Fuß ist __________ (1). Er tut echt ________ (2). Ich war beim ________ (3). Ich habe eine __________ (4) und einen ___________ (5) bekommen ☹

3 a Mia und Sinan packen ein – Warum nehmen sie diese Sachen mit? Hör und kreuze an. Manchmal gibt es mehrere Möglichkeiten.

1.19

1. Sinan nimmt Joggingschuhe mit,
   - [a] weil er sie für eine Wanderung braucht.
   - [b] weil er morgens laufen will.
   - [c] weil er nur diese Schuhe hat.
2. Mia packt eine Regenjacke ein,
   - [a] weil sie die Farbe mag.
   - [b] weil das Wetter schlecht ist.
   - [c] weil sie leicht ist.
3. Sinan nimmt sein Buch mit,
   - [a] weil er die Geschichte toll findet.
   - [b] weil er im Bus gerne liest.
   - [c] weil er es für Deutsch lesen muss.

b Was passt zusammen? Ordne zu.

1. ____ Die Klasse fährt mit dem Bus.
2. ____ Clara und Mia spielen im Bus Karten.
3. ____ Die Schüler haben keinen Unterricht.
4. ____ Alle nehmen Bikinis und Badehosen mit.
5. ____ Am Abend gibt es tolle Musik.

A Florian spielt Gitarre.
B Sie lieben das Spiel.
C Sie fahren an einen See.
D Sie sind auf Klassenfahrt.
E Die Zugtickets sind zu teuer.

c Verbinde die Sätze aus 3b mit *weil*.

Die Klasse fährt mit dem Bus, weil die ...

online 2

d Schreib Antworten auf die Fragen.

1. ● Warum warst du nicht in der Schule?
   ○ Weil ich Zahnschmerzen hatte. ____________ (Zahnschmerzen haben)
2. ● Warum kommst du nicht mit ins Kino?
   ○ ____________ (kein Geld haben)
3. ● Warum hast du mich heute Morgen nicht angerufen?
   ○ ____________ (lange schlafen)
4. ● Warum gehst du nicht zur Party?
   ○ ____________ (Physik lernen müssen)
5. ● Warum hast du so gute Laune?
   ○ ____________ (morgen mit dem Reiten anfangen)

4 a Über einen Ausflug berichten. Lies die Tabelle mit den Redemitteln. Markiere dann die Ausdrücke in der passenden Farbe.

online 3

✦ Die Leute waren nett / sehr freundlich / lustig / nicht so nett / … ✦ Ich habe (viel) Sport gemacht: schwimmen, … ✦ … war sehr interessant/spannend/langweilig/blöd ✦ Ich habe neue Leute / einen Jungen / ein Mädchen / … getroffen. ✦ Wir waren in der Stadt / am See / am Meer / in den Bergen … ✦

sagen, wohin ich gefahren bin	berichten, was ich erlebt habe	sagen, wie mir etwas gefallen hat
Wir sind mit dem Zug/Auto … nach … gefahren. Im Sommer/April/… war ich in …	Wir haben ein/e/n … besucht/gesehen … … hat viele Museen/Parks/ Geschäfte … Wir haben eine Wanderung/ Shoppingtour / Stadtführung … gemacht.	… hat mir super / ganz gut / nicht so gut … gefallen. … hat mir (sehr) gut / gar nicht geschmeckt.

b Sina hat einen Ausflug mit ihren Eltern gemacht. Sieh die Fotos an und schreib je einen Satz zu jedem Foto.

A Wir sind mit dem …

5 **a** **Was muss, kann oder darf man in der Jugendherberge machen? Schreib die Verben richtig.**

1. den Tisch ________________ (dekecn)
2. die Betten ________________ (bhieeezn)
3. die Zimmer ________________ (aueurfmän)
4. am Kicker ________________ (peeilns)
5. Sportgeräte an der Rezeption __________ (lheein)
6. im Partyraum ________________ (eenrif)
7. auf dem Grillplatz ein Lagerfeuer ________________ (hnamec)
8. ab 22 Uhr leise ________________ (ensi)
9. den Müll ________________ (wgibegernn)

online 4 **b** ***Müssen wir …? Nein, aber …*** **Schreib Antworten wie im Beispiel. Die Hausordnung aus Aufgabe 5 im Kursbuch hilft.**

1. ● Müssen wir in der Jugendherberge kochen?
   ○ Nein, aber ihr müsst die Tische decken und saubermachen.
2. ● Können wir in der Jugendherberge Basketball spielen?
   ○ Ja, ihr könnt ________________
3. ● Dürfen wir in unseren Zimmern feiern?
   ○ Nein, aber ihr ________________
4. ● Müssen wir ab 22 Uhr schlafen?
   ○ Nein, aber ihr ________________

c **Was darf, muss oder darf man nicht tun? Erkläre die Schilder mit einem Satz.**

A

Hier darf man nicht ________________

B

____

C
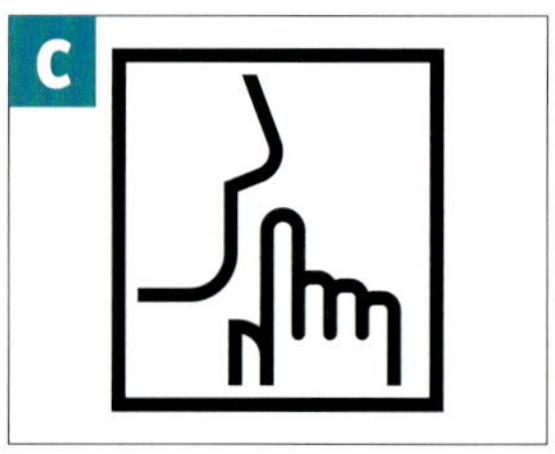
____

D

____

E

____

F

____

G

____

6 a Auf Klassenfahrt – Welche Form ist richtig? Kreuze an.

online 5

1. Bei der Stadtrallye ☐ sollten ☐ sollte die Freunde Aufgaben lösen und Orte finden.
2. Wir ☐ musste ☐ mussten die Tische abräumen und sauber machen.
3. Jannik hatte Angst vor einer Spinne und ☐ wollte ☐ wolltet nicht weiter Holz sammeln.
4. Am Donnerstag ☐ durften ☐ durftet die Freunde eine Party machen.
5. Sinan, ☐ wollte ☐ wolltest du Gespenst spielen?
6. Frau Müller hat getanzt, aber das ☐ konnten ☐ konnte sie nicht so gut.

b Ergänze das Modalverb in der richtigen Form.

● Und du, Ole? Musstest (1, müssen) du in die Schule gehen oder ________ (2, dürfen) du zu Hause bleiben?

○ Ich ________ (3, dürfen) am Montag und am Dienstag noch zu Hause bleiben. Aber am Mittwoch ________ (4, können) ich schon wieder ein bisschen laufen und ________ (5, müssen) wieder in die Schule gehen. Ich ________ (6, müssen) in die Klasse 8c.

● Und wie war es in der 8c?

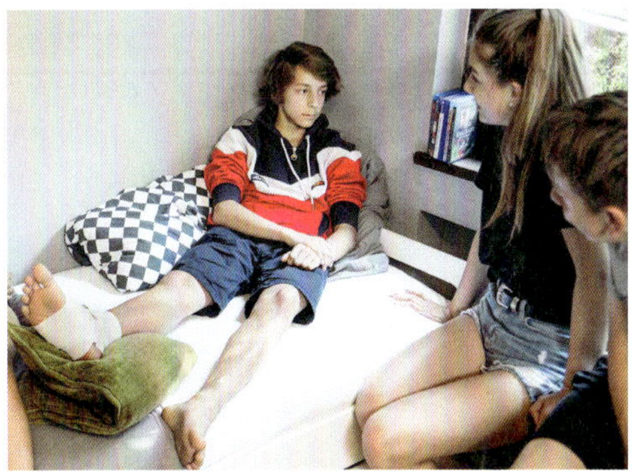

○ Ganz okay. In Deutsch ________ (7, sollen) wir das Buch „Nathan und seine Kinder" lesen.

● Ehrlich? Das ________ (8, müssen) wir ja schon letzten Monat lesen. Dann warst du sicher richtig gut und ________ (9, können) alle Fragen beantworten.

○ Ja, genau! Aber in Bio und Physik sind sie schon viel weiter. Oh Mann …

7 a Welches Modalverb passt? Ergänze.

✦ musste ✦ musste ✦ durftest ✦ mussten ✦ konnten ✦ ~~konnte~~ ✦ wollte ✦

Hi Dana, ich Konnte (1) gestern leider nicht zur Party kommen. Ich ________ (2) meinem Bruder Jan helfen. Meine Mutter ________ (3) das. Jan ist heute auf Klassenfahrt gefahren und er ________ (4) noch seinen Koffer packen. Der Koffer war total voll. Wir ________ (5) ihn nicht schließen. Also ________ (6) wir einige Sachen wieder auspacken. Das hat so lange gedauert. Und du? Wie lange ________ (7) du auf der Party bleiben? Schreib mir alles.

LG Kathi

b **Sieh die Situationen auf der Klassenfahrt an. Was war da los? Schreib zu jeder Situation Sätze in dein Heft. Die Ausdrücke helfen.**

✦ am Automaten Getränke kaufen ✦ kaputt sein ✦ zu dritt im Zimmer schlafen ✦ nur zwei Betten im Zimmer sein ✦ Feuer machen ✦ Lehrer haben es verboten ✦ auf den Berg wandern ✦ müde sein ✦

Ida, Ella, Lena

Max, Joscha

Daniel, Sara

die Jugendlichen

A Ida, Ella und Lena wollten zu dritt im Zimmer schlafen, aber sie konnten nicht. Im Zimmer waren ...

DSD I **c** **Schulausflug – Lies den Text und die Aufgaben (1–5). Kreuze bei jeder Aufgabe an: richtig oder falsch?**

An unserer Schule gibt es zweimal im Jahr einen Schulausflug. Der erste Ausflug findet im Herbst oder kurz vor Weihnachten statt und der zweite kurz vor den Sommerferien. Jede Klasse hat ein anderes Ziel. Beliebte Ziele sind der Freizeitpark Ruhpolding, die Kletterinsel Fürstenfeld, Moonlight Minigolf und viele andere. Die Schülerinnen und Schüler aus der 8. Klasse machen im Sommer normalerweise immer einen Ausflug an den Schliersee. Sie fahren mit der Bahn und nehmen ihre Fahrräder mit. Sie fahren dann mit dem Rad einmal um den See. Das sind ca. 10 km. „Das ist gar nicht so weit. Und es macht total viel Spaß. Außerdem müssen wir nicht in der Schule sitzen", erzählt eine Schülerin aus der Klasse 8b. Sie hat den Ausflug mit ihrer Klasse letztes Jahr schon gemacht. Die Klassen besuchen bei diesem Ausflug auch das Markus-Wasmeier-Museum in Fischhausen. Dort können die Schülerinnen und Schüler sehen, wie die Menschen vor 100 bis 300 Jahren gelebt haben. Das ist für alle immer sehr interessant. Außerdem können sie nach dem Besuch im Museum im See schwimmen, Eis essen und Boote ausleihen.

Die Schulausflüge beginnen meistens um 8 Uhr. Spätestens zwischen 17 und 18 Uhr sind die Schülerinnen und Schüler dann wieder zurück an der Schule.

Markiere in den Aufgaben wichtige Wörter. Lies dann den Text ganz genau.

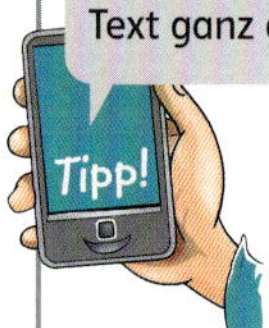

	richtig	falsch
1. Die Schüler und Schülerinnen fahren jedes Jahr zweimal mit der Klasse weg.	☐	☐
2. Von der Schule bis zum Schliersee sind es 10 km.	☐	☐
3. Die Schüler und Schülerinnen fahren mit den Fahrrädern zu einem Museum.	☐	☐
4. Das Museum ist schon 100 Jahre alt.	☐	☐
5. Die Schüler und Schülerinnen haben auch Zeit zum Schwimmen.	☐	☐

8 a Chaos auf der Postkarte. Lies die Sätze und sortiere sie in die richtige Reihenfolge.

A ____ Aber es war auch toll, weil das Wetter super war!
B ____ Morgen gehen wir in ein Museum.
C ____ Die war so anstrengend!
D ____ Heute haben wir eine Wanderung in den Bergen gemacht.
E ____ Bis bald, Lucia
F _1_ Hallo,
G ____ viele Grüße aus Lugano.
H ____ 25 Grad und Sonne!

b Schreib eine Karte von deinem letzten Ausflug. Du kannst die Sätze aus 8a mit deinen Informationen ergänzen ⟷ oder ⟷ eine eigene Postkarte schreiben.

DSD I

c Arbeitet zu zweit. Stellt euch die Fragen und antwortet. Jede/r spricht 4–5min.

1. Erzähle von einem Ausflug mit deiner Familie.
2. Was machst du normalerweise am Wochenende? Berichte.
3. Welchen Ort möchtest du einmal besuchen? Warum?
4. Mit wem machst du gern etwas in der Freizeit? Warum?

In der Prüfung stellt der Prüfer dir 2–4 Fragen.

9 a Sag mal ... Satzakzent in Sätzen mit mehreren Informationen – Hör die Sätze. Welche Wörter sind betont? Markiere wie im Beispiel.

1.20

1. Wir fahren mit unserer Klasse am Samstag in die Berge.
2. Die Klasse plant eine Party am Ende von der Reise.
3. Die Lehrerin kauft mit zwei Schülern in der Stadt für die Feier ein.
4. Die Mädchen aus Zimmer „Drei“ proben ein Lied für die Party.

1.20

b Hör noch einmal und sprich nach. Achte auf die Betonung der Wörter im Satz.

10 Lernen – üben – spielen. Würfel dreimal. 1x für A, 1x für B, 1x für C. Bilde Sätze wie im Beispiel, sprich sie laut und mit Betonung.

	A	B	C
1	Wir gehen	am Sonntag	ins Kino in die Stadt.
2	Unsere Lehrer fahren	in den Ferien	in den Park neben der Schule.
3	Meine Klasse fährt	am Wochenende	zum Freizeitpark nach Köln.
4	Rita und Julia reisen	morgen	zu meiner Oma nach Österreich.
5	Meine Freunde gehen	im Frühling	in ein Sommercamp ans Meer.
6	Unser Nachbar reist	um 09:00 Uhr	zum Camping nach Griechenland.

Meine Klasse fährt in den **Ferien** in ein **Sommercamp** ans **Meer**.

Perfekt Was passt? Wähle das passende Verb aus und lies die Sätze laut.

1. Endlich da! Nach vier Stunden im Bus sind wir in der Jugendherberge weggefahren/angekommen/zurückgegangen.
2. Gestern haben wir die Stadt zugesehen/ausgesehen/angesehen.
3. Oh ... ich wollte doch eine Karte schreiben! Das habe ich fast verstanden/vergessen/verboten.

Wichtige Wörter

Seite 39

eklig

erschrecken

der Schreck

das **Geschirr**

das Holz

komisch

kriegen *(Ich habe einen Schreck gekriegt.)*

der Küchendienst, -e

lösen *(eine Aufgabe lösen)*

das **Rätsel**, -

runter|fallen *(fällt runter, ist runtergefallen)*

die Spinne, -n

stehen bleiben *(bleibt stehen, ist stehen geblieben)*

das **Spiel**, -e

verlieren *(verliert, hat verloren)*

weg|bringen *(bringt weg, hat weggebracht)*

Seite 40

warum

ab|fahren *(fährt ab, ist abgefahren)*

die Busfahrt, -en

früh

die **Klassenfahrt**, -en

logisch

los|gehen *(geht los, ist losgegangen)*

mit|bringen

die **Süßigkeit**, -en

der **Besuch**, -e

die Spritze, -n

der Unfall, Unfälle

der Verband, Verbände

verboten

die Wanderung, -en

weil

Seite 41

die Chips (Pl.)

krank

treten *(er/es/sie tritt, ist getreten)*

ein|packen

der **Hunger** *(Ich habe Hunger.)*

die **Jacke**, -n

erleben

teilen

Seite 42

die **Jugendherberge**, -n

die Abreise, -n

die Anreise, -n

der Aufenthalt, -e

das Besteck, -e

die Betten beziehen *(bezieht, hat bezogen)*

bringen *(bringt, hat gebracht)*

ein|ziehen *(zieht ein, ist eingezogen)*

enden

die **Gabel**, -n

der **Gast**, Gäste

der Grillplatz, -plätze

die Hausordnung, -en

der Kicker, -

der **Kühlschrank**, -schränke

das Lagerfeuer, -

leihen *(leiht, hat geliehen)*

der **Löffel**, -

das **Messer**, -

die Nachtruhe

nachts

neben

offen

die **Rezeption**, -en

sauber halten *(hält sauber, hat sauber gehalten)*

schließen *(schließt, hat geschlossen) (Das Haus schließt um 22 Uhr.)*

das Sportgerät, -e

tagsüber

Tischtennis

trennen

die **Wäsche**

jemand

nervig

die **Feier**, -n

na toll

weg|gehen *(geht weg, ist weggegangen)*

Seite 43

der **Moment**, -e

der **Teller**, -

Seite 44

das Boot, -e

die Fahrt, -en

das Gespenst, -er

der Keks, -e

der **Koffer**, -

lang (länger, am längsten)

das Naseputzen

Oje! *(Oje, jetzt ist mir das Handy runtergefallen!)*

packen (*packt, hat gepackt) (Ich habe den Koffer gepackt.)*

der Refrain, -s

schwören (schwört, hat geschworen)

der **See**, -n

der Start, -s

das **Ticket**, -s

das **Ziel**, -e

bauen

reisen *(reist, ist gereist)*

Was kann ich?

1

Ich kann Gründe nennen.
☺ 😐 ☹

→ KB/ÜB A2, A3

✦ keinen Unterricht haben ✦ einen Unfall haben ✦ nicht laufen können ✦ tolle Ausflüge machen ✦ am Ende eine Party machen ✦ Bein wehtun ✦

Wir freuen uns auf die Klassenfahrt, weil …

____

____

____

Lena kann nicht mitfahren, weil …

____

____

____

2

Ich kann sagen, was ich konnte, musste, …
☺ 😐 ☹

→ KB/ÜB A6, A7

A

Gestern sollte ich …

B

In den Ferien durfte ich …

C

Am Wochenende konnte ich …

D

Heute musste ich …

3

Ich kann eine Postkarte von der Klassenfahrt schreiben.
☺ 😐 ☹

→ KB/ÜB A18

Liebe(r) ______________________,

hier in ______________________ ist es ______________

______________. Heute haben wir ______________________

______________________________. In der Jugend-

herberge ist es ______________________ und das Essen

ist ______________________. Morgen gehen wir ______

______________________________.

Ich ______________________ schon!

Liebe ______________, ______________

____

____

____

So lerne und übe ich

4

Ich lerne neue Wörter immer mit einem Beispielsatz.
☐ manchmal ☐ oft ☐ nie

gewinnen	Ich möchte das Spiel gewinnen.
die Jugendherberge	Auf Klassenfahrt schlafen ….
etwas benutzen	______________________
komisch	______________________

Musik, Musik, Musik … 5

1 a Sieh die Bilder an und hör die Dialoge. Ordne zu.

1.21

A

Dialog __________

B

Dialog __________

C

Dialog __________

D

Dialog __________

E

Dialog __________

b Wie heißen die Wörter? Ergänze die Sätze.

1. Eva hört gerne die ________________ von Namika.
2. Sie möchte mit zwei Freundinnen zum ________________ gehen.
3. Ihr Vater schenkt ihr ein ________________ für das Konzert.
4. Die Freundinnen ziehen sich an. Sie müssen sich ______________.
5. Auf dem Konzert ________________ sie den ganzen Abend.

✦ Kon ✦ cket ✦
✦ sik ✦ eilen ✦
✦ zen ✦ Mu ✦
✦ tan ✦ Ti ✦
✦ be ✦ zert ✦

2 a Mara, Jannis und Adam – Welcher Satz passt zu welchem Bild? Notiere.

A

B

C

D

E

F

1. ____ Adam ist schneller als Mara.
2. ____ Adams Jacke ist billiger als Maras Jacke.
3. ____ Jannis ist am kleinsten.
4. ____ Mara hat mehr Bücher als Jannis.
5. ____ Adam ist größer als Jannis.
6. ____ Adam ist in Bio am besten.

b **Wo passen die Adjektive? Ordne zu und ergänze zu allen Adjektiven die fehlenden Formen.**

✦ reich ✦ intelligent ✦ gut ✦ lang ✦

	Grundform	Komparativ	Superlativ
regelmäßig	billig ____ ____	____ ____	am billigsten ____ ____
+ Umlaut	____ ____	jünger ____ ____	____ ____
+ *e* beim Superlativ	heiß ____ ____	____ ____	am heißesten ____ ____
Ausnahmen	____ ____	mehr ____ ____	____ ____

c **Komparativ oder Superlativ? Ergänze die Adjektive.**

Ich spiele Gitarre in unserer Schulband. Ein Jahr bin ich schon in der Band. Nico, unser Sänger, ist viel länger (1, lang) dabei als ich, schon 5 Jahre! Er ist in der 12. Klasse und ist am ________ (2, alt). Früher habe ich viel ________ (3, schlecht) gespielt als heute. In der Band habe ich wirklich viel gelernt. Ich glaube, deshalb sind unsere Konzerte dieses Jahr ________ (4, gut) als letztes Jahr. Wir spielen Lieder von bekannten Bands, aber wir spielen auch unsere eigenen Lieder. Die spiele ich am ________ (5, gern), aber wir haben erst vier eigene Lieder. Für ein ganzes Konzert brauchen wir ________ (6, viel) als vier Lieder.

3 **a** **Ergänze die Superlative und schreib deine Antworten ins Heft.**

1. Welcher Sänger / Welche Sängerin singt am besten? (gut)
2. Welchen Schauspieler / Welche Schauspielerin findest du ________? (cool)
3. Welchen Sportler / Welche Sportlerin magst du ________? (wenig)
4. Welche Musik nervt dich ________? (viel)
5. Welche Band hörst du ________? (gern)
6. Welches Lied findest du ________? (schön)

1. Ich finde, Adam Levine singt am besten.

b **Arbeitet zu zweit. Stellt euch abwechselnd die Fragen aus 3a und antwortet.**

c Ergänze die Sätze mit Komparativ + *als* und *am* + Superlativ.

1. Martha 1,67 m – Zoe 1,70 m – Karen 1,72 m (groß)

   Zoe ist _größer als_ Martha. Karen ist ______________________.

2. Linus 55 kg – Max 58 kg – Justus 61 kg (schwer)

   Max ist ______________________. Justus ist ______________________.

3. Klara 👍 – Julia 👈 – Ina 👍👍 (gut singen)

   Klara kann ______________________. Ina kann ______________________.

4. Jan 5 Jahre Fußball spielen – Kai 6 Jahre Fußball spielen – Adam 8 Jahre Fußball spielen (lang)

   Kai spielt ____________ Fußball als Jan. Adam spielt ______________________ Fußball.

4 a Lies die Sätze. Was stimmt für dich? Kreuze an. Sprecht dann zu zweit.

1. ☐ Ich finde Taylor Swift besser als Ariana Grande.
2. ☐ Ich war auf mehr Konzerten als meine beste Freundin / mein bester Freund.
3. ☐ Ich lerne lieber Deutsch als Mathe.
4. ☐ Ich esse lieber Pommes als Pizza.
5. ☐ Ich kann genauso gut Fußball spielen wie mein Freund.
6. ☐ Ich kann besser singen als meine Freunde.
7. ☐ Ich bin älter als mein Bruder / meine Schwester.
8. ☐ Ich bin größer als meine Mutter.
9. ☐ Ich springe höher als mein Vater.
10. ☐ Ich finde, Mbappé spielt genauso gut wie Griezmann.

Ich lerne lieber Deutsch als Mathe.

Wirklich? Ich nicht. Ich lerne lieber …

Ich esse lieber Pommes als Pizza.

Ich auch.

online 1

b Vergleiche die Schauspielerinnen. Ergänze die Sätze mit *nicht so …*, *genauso …* und *am …*

Elizabeth Olsen
Schauspielerin seit 1994
Geburtstag: 16.2.1989
Größe: 1,68 m

Mia Wasikowska
Schauspielerin seit 2005
Geburtstag: 14.10.1989
Größe: 1,63 m

Emma Stone
Schauspielerin seit 2005
Geburtstag: 06.11.1988
Größe: 1,68 m

1. Emma Stone ist _genauso lange_ (lange) Schauspielerin wie Mia Wasikowska. Elizabeth Olsen ist ______________ (lange) Schauspielerin.
2. Mia Wasikowska ist am 14. Oktober 1989 geboren. Sie ist ______________ (alt) wie Elizabeth Olsen und Emma Stone. Emma Stone ist ______________ (alt).
3. Elizabeth Olsen ist ______________ (groß) wie Emma Stone. Mia Wasikowska ist mit 1,63 m ______________ (klein).

5 a Musik – Wie heißen die Wörter? Lies den Text im Kursbuch noch einmal. Schreib die Wörter wie im Beispiel.

1. OKNZTER – das *Konzert*
2. ABDN – die ______
3. ASNF – die ______
4. UPIBMLKU – das ______
5. EBHÜN – die ______
6. NSRÄGE – *der Sänger / die Sängerin*
7. PRARPE – der ______ / die ______
8. UMKSIRE – der ______ / die ______
9. MALUB – das ______
10. ITKCTE – das ______

b Welches Verb passt? Markiere.

1. auf der Bühne — stehen/realisieren/machen
2. in einem Club — realisieren/auftreten/finden
3. einen Preis — machen/kaufen/gewinnen
4. ein Projekt — realisieren/auftreten/besuchen
5. besondere Musik — singen/machen/gewinnen

online 2

c Über ein Lied sprechen – Schreib die Antworten.

1. Wie findest du das Lied? — *Die Melodie ist ganz okay*.
   okay / ist / Die Melodie / ganz /.
2. Wie gefällt dir der Text? — ______
   nicht / verstehen / ich / Einige Wörter / kann / .
3. Die Stimme ist super, oder? — ______
   finde / Ich / schrecklich / die Stimme / .
4. Und das Lied von Mike Singer? — ______
   sehr / gefällt / Mir / das Lied / gut / .
5. Gefällt dir auch der Text? — ______
   nicht / Leider / verstehe / den Text / ich / .

6 a Was sagen die Jugendlichen? Schreib *dass*-Sätze.

Sophie
Mia
Sinan
Clara
Florian

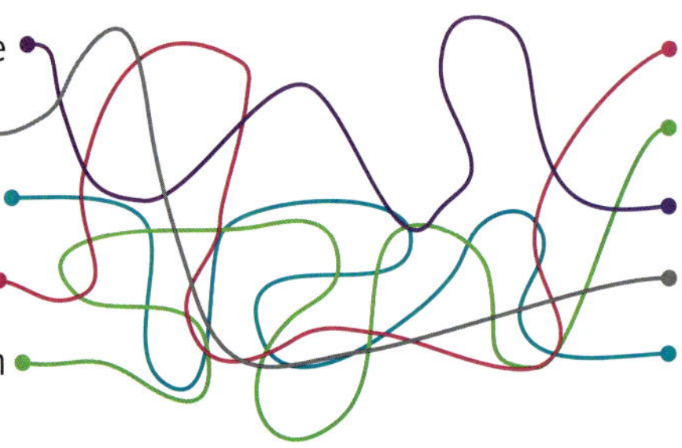

„Mein Bruder ist auch in der Schulband."
„Ich spiele seit drei Jahren Gitarre."
„Ich darf am Donnerstag zu dem Konzert gehen."
„Clara kann echt gut singen."
„Ich war am Wochenende zum ersten Mal auf einem Konzert."

1. Sophie sagt, dass sie ______.
2. Mia findet, ______.
3. Sinan berichtet, ______.
4. Clara erzählt, ______.
5. Florian sagt, ______.

Achtung! Oft musst du die Personalpronomen und Possessivartikel umformen.

online 3 **b Was denkst du? Wähl aus und schreib dann vier Sätze mit *dass* in dein Heft.**

Ich finde, …

Ich glaube, …

Ich denke, …

Mit Musik geht alles besser.
Ohne Musik kann man nicht leben.
Musik ist nicht so wichtig.
Auf Konzerten sind zu viele Menschen.

Die Musik im Radio ist langweilig.
Die Konzerte von berühmten Bands sind zu teuer.
Ein tolles Konzert vergisst man nie.
Musiker brauchen auch gute Musikvideos.

Ich finde, dass die Musik im Radio langweilig ist.

c Was passt? Ergänze *weil* oder *dass*.

1. Ich kann nicht zu dem Konzert gehen, _________ meine Eltern es nicht erlauben.
2. Sie haben gesagt, _________ ich zu jung bin.
3. Sie meinen, ________ man für Konzerte mindestens 16 Jahre alt sein muss.
4. Und sie finden, __________ die Tickets zu teuer sind.
5. Ich finde das echt gemein, _________ ich die Band wirklich so toll finde.

1.22 online 4 **d Ordne die Dialoge und hör zur Kontrolle.**

Dialog A

- ● ☐ Ach, bitte! Die anderen dürfen auch gehen.
- ○ ☐ Nein, das geht nicht. Am Mittwoch hat Opa Geburtstag.
- ● ☐ Super, dann gehe ich erst zu Opa und danach zum Schulfest. In Ordnung?
- ○ ☐ Kann ich am Mittwoch zu dem Schulfest gehen?
- ● ☐ Aber Opa hat uns eingeladen. Um 15 Uhr müssen wir dort sein und dann trinken wir Kaffee und essen Kuchen.
- ○ ☐ Ja, das geht. Aber um 21 Uhr musst du zu Hause sein. Am nächsten Tag ist Schule!

Dialog B

- ● ☐ Ja, mache ich.
- ○ ☐ Okay, aber du musst wirklich jeden Tag eine Stunde Mathe lernen.
- ● ☐ Darf ich dort auch schlafen?
- ○ ☐ Ja, kein Problem.
- ● ☐ Ich möchte gern nächsten Samstag zu der Party von Paula gehen.
- ○ ☐ Nein, das geht nicht. Du musst am Sonntag früh aufstehen. Du musst Mathe lernen. Schon vergessen?
- ● ☐ Ach, bitte! Ich lerne auch jetzt jeden Tag.

7 Mein Lieblingsstar – Welche Wörter fehlen im Text? Ergänze und kontrolliere dann mit den Wörtern unten. ⟷oder⟷ Lies die Wörter unten und ergänze den Text.

Meine ______________________ (1) heißt Namika. Sie ____________________ (2) aus Frankfurt und ist 28 _________________ (3) alt. Ihr ____________________ (4) ist eine Mischung zwischen Pop und Hip-Hop. Das Lied „Lieblingsmensch" war ihr erster großer _________________________ (5). Der Song „Je ne parle pas français" ist auch sehr bekannt. Sie hat schon als Schülerin eigene Lieder geschrieben und im Chor gesungen. Sie wollte immer nur Musikerin sein. Ich mag Namikas Musik, weil ihre ____________ (6) sehr schön ist und ihre Lieder gute _____________________ (7) machen.

Hit | Musikstil | Jahre | Laune | Lieblingssängerin | Stimme | kommt

8 **a** **Was machst du am Wochenende? Am Freitag unterhalten sich die Schüler der Klasse 8a über ihre Pläne für das Wochenende. Du hörst gleich fünf kurze Berichte von Schülern.**
Lies zuerst die Liste mit den verschiedenen Aktivitäten (A–H). Du hast dafür 30 Sekunden Zeit. Notiere beim Hören zu jedem Namen den richtigen Buchstaben (A–H). Einige Buchstaben bleiben übrig. Du hörst die Berichte einmal.

DSD I

1.23

(Z) Besuch bei der Familie

(A) Konzertbesuch im Gymnasium

(B) im Chor singen

(C) einen Film sehen

(D) Geburtstag feiern

(E) in der Musikschule feiern

(F) eine Gitarre aussuchen

(G) eine Fahrradtour mit der Familie

(H) Tanzkurs mit Freundin

Name	Buchstabe
0: Ole	Z
1: Mia	
2: Sinan	
3: Jannik	
4: Clara	

Entscheide dich nach jedem Bericht sofort für einen Buchstaben, auch wenn du dir nicht sicher bist. Später kannst du dich nicht mehr erinnern.

b **Welches Verb passt nicht? Streiche durch.**

1. den Geburtstag einladen – feiern – planen
2. ein Instrument lernen – spielen – informieren
3. Musik machen – singen – hören
4. in einer Band spielen – suchen – singen
5. einen Tanzkurs machen – besuchen – gehen

c **Du möchtest am Wochenende etwas mit einem Freund / einer Freundin machen. Schreib ihm/ihr eine Nachricht und mache einen Vorschlag.**

✦ Lieber/Liebe ..., ✦ Hallo ..., ✦	✦ Ich möchte am Wochenende ... ✦ Ich will ... Kommst du mit? ✦ Ich möchte ... Hast du auch Lust? ✦ Wollen wir zusammen zum/zur ... gehen? ✦ Hast du Zeit? ✦	✦ Liebe Grüße, ... ✦ Viele Grüße, ... ✦

d **Tausch die Nachricht mit einem Partner / einer Partnerin und schreib eine Antwort.**

9 **a** **Was passt zusammen? Schreib mindestens vier Sätze.**

online 5

✦ Kim ✦ Wir ✦ Lukas ✦ Marie ✦ Meine Eltern ✦ Mein Freund ✦ Ich ✦ Du ✦	✦ esse ✦ gehen ✦ schläft ✦ lernt ✦ gehst ✦ fahren ✦ geht ✦ fährt ✦	✦ morgen ✦ am Vormittag ✦ nächste Woche ✦ am Nachmittag ✦ morgen ✦ am Sonntag ✦ heute Abend ✦ heute ✦	✦ ins Kino ✦ nach München ✦ im Park ✦ in den Supermarkt ✦ in die Stadt ✦ im Restaurant ✦ in die Schule ✦ in der Bibliothek ✦

Wir fahren heute in die Stadt.

b Wo steht die Information? Markiere wie im Beispiel.

1. Florian geht ins Kino.	am Samstag
2. Ole ist am Wochenende gefahren.	nach Rostock
3. Paula lernt in der Bibliothek.	heute
4. Die Freunde gehen am Wochenende.	zum Konzert
5. Luis war im Stadtpark.	gestern
6. Mia ist am Dienstag gegangen.	zur Musikschule

10 a Sag mal ... Wichtige Informationen betonen – Hör die Sätze. Was ist betont? Markiere.

1.24

1. Wir gehen ins Einkaufszentrum, nicht ins Jugendzentrum.
2. Wir treffen uns am Nachmittag, nicht am Abend.
3. Ich treffe mich mit Ole in der Stadt, nicht mit Florian.
4. Später gehen wir ins Kino und nicht ins Café.

1.24

b Hör noch einmal und sprich nach.

11 Lernen – üben – spielen. Arbeitet zu zweit und notiert passende Wörter.

```
          K              M
          O              U
          N              S
     TANZEN              I
          E              K
          R
          T
```

Perfekt a Was passt wo? Ergänze die Partizipien.

✦ empfohlen ✦ gewonnen ✦ stattgefunden ✦ begonnen ✦ eingeladen ✦ erschienen ✦

Gestern war ich auf einem Konzert. Ein Freund hat mir die Band __________ (1), er ist ein großer Fan. Die Band ist noch nicht so bekannt. Das erste Album ist erst in diesem Jahr __________ (2). Aber einen Preis hat die Band auch schon __________ (3). Wir haben unsere Freundin Luzie __________ (4), weil sie gestern Geburtstag hatte. So hatten wir ein tolles Geschenk. Das Konzert hat im Park __________ (5), dort war auch das große Sommerfest. Es hat um 19 Uhr __________ (6) und war erst um 22 Uhr zu Ende. Es war echt super.

b Notiere den Infinitiv.

1. beginnen – es hat begonnen	4. __________ – wir haben eingeladen
2. __________ – er hat empfohlen	5. __________ – es ist erschienen
3. __________ – sie hat gewonnen	6. __________ – es hat stattgefunden

Wichtige Wörter

Seite 47

auf jeden Fall

gemein

genial

Na gut!

Seite 48

das **Ticket**, -s 

der Ticketpreis, -e

das Schulradio, -s

reich

als *(reicher als)*

der Vergleich, -e

hoch *(höher, am höchsten)*

Seite 49

beliebt

fair

das **Rad**, Räder 

genauso

Seite 50

die **Band**, -s

die Abendkasse, -n

das Album, Alben

auf|treten *(tritt auf, ist aufgetreten)*

außerdem 

begeistern

die Bühne, -n

endlich

erscheinen *(erscheint, ist erschienen)*

die Mischung, -en

das Mitglied, -er

persönlich

das **Projekt**, -e

der Rapper, -

realisieren

spielen *(Die Band hat schon in vielen Ländern gespielt.)*

der Staat, -en

stehen *(steht, hat gestanden) (Die Band steht jeden Tag auf der Bühne.)*

überall

unterschiedlich

die **Welt**, -en

entgegen

die Freiheit, -en

der **Himmel**

einige

furchtbar

gehen *(Es geht so.)*

der Rhythmus, Rhythmen

die Stimme, -n

Seite 51

ab|holen

dass

empfehlen *(empfiehlt, hat empfohlen)*

der Klassenlehrer, -

die Klassenlehrerin, -nen

hin|fahren *(fährt hin, ist hingefahren)*

die Nachbarstadt, -städte

die **Ordnung**, -en *(Das ist in Ordnung.)*

teuer

unbedingt

zwischen *(Spielt einen Dialog zwischen Eltern und Kindern.)*

interviewen

die Laune, -n

der Hit, -s

die Karriere, -n

der Musikstil, -e

Seite 52

die **Anzeige**, -n

die Attraktion, -en

die **Ausstellung**, -en

der Beginn

der DJ, -s

der **Eintritt**, -e

das Jugendzentrum, -zentren

kostenlos

live

das **Programm**, -e

die **SMS**, -

der Snack, -s

das Sommerfest, -e

das **Museum**, Museen

statt|finden *(findet statt, hat stattgefunden)*

täglich

der Tanzkurs, -e

viel mehr

von … bis *(Das Jugendzentrum hat von 9 bis 22 Uhr geöffnet.)*

vorbei|kommen *(kam vorbei, ist vorbeigekommen)*

zu|stimmen

Seite 53

betonen

der **Fluss**, Flüsse

die Region, -en

der Rekord, -e

die **Veranstaltung**, -en

beenden

Was kann ich?

1

Ich kann Personen und Dinge vergleichen. ☺ 😐 ☹
→ KB/ÜB A2, A3, A4

1. Pogba – Alaba (jung) _Pogba ist jünger als Alaba._
2. Zug – Fahrrad (schnell) _Ein ______________________
3. die Zugspitze (2962 m) – der Großglockner (3798 m) – das Matterhorn (4478 m) (hoch)

____

2

Ich kann über ein Lied sprechen. ☺ 😐 ☹
→ KB/ÜB A5

☺ Die M __ __ od __ __ ist w __ __ kl __ __ __ schön.

😐 Der Rh __ __ __ m __ __ ist ganz o __ __ y.

☹ Leider ver __ __ __ __ __ ich den T __ __ t nicht.

3

Ich kann Informationen wiedergeben. ☺ 😐 ☹
→ KB/ÜB A6

Ich war gestern auf einem Konzert.

Wir finden die Musik von Namika toll!

Jan hat gesagt, dass ______________________.

Lea und Tine ______________________.

4

Ich kann um Erlaubnis bitten. ☺ 😐 ☹
→ KB/ÜB A6

_Darf ______________? Ach, __________! (ins Kino gehen)

______________? Ist das in __________? (zum Konzert gehen)

5

Ich kann Vorschläge machen, zustimmen und ablehnen. ☺ 😐 ☹
→ KB/ÜB A8

- ______________ ins Museum gehen? ☺ ○ Ja, gerne.
- Ich will in den Park gehen. Kommst du mit? ☺ ○ ______________
- Ich gehe ins Jugendzentrum. Hast du auch Lust? ☹ ○ ______________

So lerne und übe ich

6

Ich reflektiere meinen Lernprozess und mache die schweren Aufgaben noch einmal. ☐ manchmal ☐ oft ☐ nie

Welche Aufgaben in Kapitel 5 waren leicht für mich? ______________________

Bei welchen Aufgaben hatte ich Probleme? ______________________
Ich wiederhole diese Aufgaben und Übungen.

Gut für uns 6

1 a Welches Verhalten ist gut für dich und für die Umwelt? Verbinde die Ausdrücke mit den Bildern.

online 1

Energie sparen

Sachen reparieren, nicht wegwerfen

den Müll trennen

gesund essen

Sachen leihen

Wasser sparen

sich mehr bewegen

Dinge ohne Verpackung kaufen

b Jeder kann etwas tun – Was passt zusammen? Ordne zu.

1. ____ Bleib nur kurz unter der Dusche.
2. ____ Mach das Licht aus, wenn du aus dem Haus gehst.
3. ____ Kauf nicht immer neue Sachen.
4. ____ Wirf nicht alles gleich weg.
5. ____ Lauf zur Schule oder fahr mit dem Rad.
6. ____ Nimm zum Einkaufen eine Tasche mit.

A So kannst du Energie sparen.
B Du kannst viele Dinge auch leihen oder mit anderen tauschen.
C So brauchst du weniger Wasser.
D Bewegung ist gesund und gut für die Umwelt.
E Dann musst du im Laden keine Tüte aus Plastik nehmen.
F Viele Sachen kann man reparieren, wenn sie kaputt sind.

2 a Was passt? Verbinde.

1. alle 2. manche 3. niemand 4. viele

A 0% B 100% C 70% D 20%

b **Sieh die Grafik im Kursbuch noch einmal an und ergänze die Grafikbeschreibung.**

✦ 53 Prozent ✦ Gemüse ✦ das Lieblingsessen ✦ manche ✦ am liebsten ✦ niemand ✦ Pizza ✦ ✦ viele ✦ 16 Prozent ✦

Was essen Sie ________________ (1)? Auf diese Frage haben 1000 Menschen für die Umfrage geantwortet.

________________ (2) der Deutschen sagen, dass sie sehr gern Fleisch essen. Damit ist Fleisch ________________________ (3) der Deutschen. Auch Nudeln mögen ________________ (4) Menschen in Deutschland sehr gern. ________________ (5) ist auf Platz 3. Fisch essen ______________ (6) am liebsten. Nur __________________ (7) essen sehr gern Kartoffeln, ____________ (8) oder Suppen. Von den 1000 Deutschen mag __________ (9) Gerichte mit Reis am liebsten.

3 **a** **Finde 15 Lebensmittel, ordne zu und schreib die Wörter mit Artikel.**

B	L	A	R	E	S	T	A	D	Y	J	K	L	A
A	C	H	S	A	F	T	S	C	H	R	I	F	D
I	M	M	C	B	R	A	T	W	U	R	S	T	E
N	D	E	H	H	A	M	B	U	R	G	E	R	J
H	A	N	O	D	F	U	L	V	E	R	I	A	W
U	M	M	K	U	C	H	E	N	M	K	S	U	D
V	E	R	O	L	W	I	N	T	E	R	R	B	E
A	T	I	L	M	A	P	S	A	L	A	T	E	M
T	O	A	A	C	S	I	H	L	I	M	O	L	M
E	R	V	D	I	S	Z	O	E	H	E	M	M	I
I	T	E	E	M	E	Z	C	U	I	H	A	M	B
C	E	A	O	O	R	A	N	G	E	Z	T	H	E
E	P	O	M	M	E	S	F	R	I	T	E	S	U
R	U	D	D	E	R	B	O	O	H	N	E	N	S

1. Süßigkeiten

____
____
____
____

2. Fastfood

die Pommes frites, ________
____
____
____

3. Obst und Gemüse

____
____
____
____

4. Getränke

____
____
____
____

Die Pommes frites (Aussprac *Pomm frit*) nenn man meist nur kurz *Pommes*.

b **Erinnerst du dich? Was ist richtig? Kreuze an.** oder **Lies den Artikel im Kursbuch noch einmal und kreuze dann an.**

1. Sogenannte Flexitarier essen
   - A ☐ kein Fleisch, aber Fisch.
   - B ☐ nur manchmal Fleisch, Wurst oder Fisch.
2. Vegetarier essen
   - A ☐ kein Fleisch und keinen Fisch.
   - B ☐ kein Fleisch, keine Eier, keine Butter und keinen Käse.
3. Veganer essen
   - A ☐ keine Produkte von Tieren.
   - B ☐ nur Obst und Gemüse.

4 **a** **Lies die Aussagen, hör dann die Antworten aus einer Umfrage zum Thema Ernährung. Wer sagt das? Verbinde.**

1.25

A Ich ernähre mich gesund, weil ich fit bleiben will. — Person 1
B Ich mag Tiere, deshalb esse ich vegan. — Person 2
C Ernährung interessiert mich nicht. — Person 3
D Ich backe gern. — Person 4

b **Was passt nicht in die Reihe? Streiche durch.**

1. die Gurke – die Paprika – die Tomate – die Banane – die Karotte – die Bohne
2. die Schokolade – die Chips – die Kekse – der Kuchen – das Eis
3. die Cola – die Suppe – der Saft – der Tee – der Kakao – das Mineralwasser
4. der Burger – die Pommes – der Salat – die Bratwurst – die Pizza
5. das Fleisch – die Wurst – das Hähnchen – die Eier – der Käse – der Apfel

online 2

c **Ergänze die Sätze.**

✦ Ernährung ✦ kochen ✦ Nudeln mit Soße ✦ schmeckt ✦ fit ✦ Fast-Food ✦ egal ✦ ernähre ✦ mag ✦ Burger ✦

Paul • 15 Jahre

1 Ich liebe ____________ (1), vor allem Burger und Pizza. Aber meine Eltern finden gute ____________ (2) wichtig, deshalb gibt es zu Hause viel Gemüse, Obst und Salat. Meiner Schwester ____________ (3) Fast-Food nicht. Sie mag keine ____________ (4).

Lina • 14 Jahre

2 Ernährung finde ich wichtig. Ich ____________ (5) mich gesund, weil ich viel Sport mache und ____________ (6) sein will. Vielen in meiner Klasse ist Ernährung ____________ (7). Meine Freundinnen und ich ____________ (8) und backen gern selbst. Reis mit Fleisch ____________ (9) ich gern. Aber mein Lieblingsessen ist ____________ (10).

DSD I

1.26

d **Marikas Experiment – Du hörst eine Reportage im Schülerradio. Marika erzählt von ihrer Zeit als Vegetarierin. Lies zuerst die Aufgaben (1–6). Du hast dafür eine Minute Zeit. Hör dann die Reportage und löse die Aufgaben beim Hören. Kreuze bei jeder Aufgabe die richtige Lösung (A oder B oder C) an. Danach hörst du die Reportage noch einmal.**

1. Marika wollte vegetarisch essen, weil
A ☐ Ernährung schon immer wichtig für sie war.
B ☐ sie etwas für die Umwelt tun wollte.
C ☐ sie Fleisch nicht mag.

2. Marika fand zuerst blöd, dass
A ☐ der Bruder sie immer geärgert hat.
B ☐ die Eltern manchmal Fleisch gekocht haben.
C ☐ sie in der Mensa nicht mehr wählen konnte.

3. Nach ein paar Wochen haben die Eltern
A ☐ auch kein Fleisch mehr gegessen.
B ☐ gesagt, dass Marika es nicht schafft.
C ☐ ihr geholfen und anders gekocht.

4. In den drei Monaten hat Marika
A ☐ einmal auf einer Party Fleisch gegessen.
B ☐ oft an Hähnchen und Bratwurst gedacht.
C ☐ selbst vegetarisch gekocht.

5. Marika und ihre Freundinnen denken, dass
A ☐ Burger nur mit Fleisch schmecken.
B ☐ man ganz gut ohne Fleisch leben kann.
C ☐ vegetarisch kochen nicht so leicht ist.

6. Nach dem Experiment will Marika
A ☐ an Weihnachten kein Fleisch essen.
B ☐ meistens vegetarisch leben.
C ☐ nur noch Burger ohne Fleisch essen.

5 a Aktiv für die Umwelt – Ergänze die Sätze.

✦ Glas ✦ Taschen ✦ Energie ✦ Umwelt ✦ Klima ✦ Müll ✦ Plastiktüte ✦ Papier ✦ Meer ✦

Viele Menschen denken heute an die ________________ (1). Im Supermarkt kaufen immer mehr Kunden keine ________________________ (2) und nehmen lieber mehrere ________________ (3) für den Einkauf mit.

Viele wollen kein Plastik verwenden und wegwerfen. Sie kaufen lieber Flaschen aus ______________ (4). So schützen sie das ________________ (5) und die Fische, weil es dann im Wasser weniger Plastik gibt.

Viele Menschen in Europa trennen ihren ________________ (6). Glas, ______________ (7) oder Metall kann man dann recyceln und noch einmal verwenden.

Immer mehr Menschen sparen Strom. So verbrauchen sie weniger ____________________ (8) und schützen unser ________________ (9).

b Lies die Forumsbeiträge zum Thema „Wie war dein Tag?" Was haben Mona und Samy gemacht? Was war gut für die Umwelt, was war schlecht? Markiere.

Mona • 15 Jahre

Heute Morgen war ich so müde. Ich musste lange und heiß duschen. Dann habe ich gefrühstückt und bin mit dem Bus in die Schule gefahren. Mittags habe ich einen Salat gegessen. Nach der Schule war ich in der Stadt. Ich habe einen Mantel und zwei Hosen gekauft. Meine Plastiktüten waren total schwer. Deshalb habe ich meine Mutter angerufen und sie hat mich mit dem Auto in der Stadt abgeholt. Zu Hause habe ich die Sachen anprobiert. Die sind cool. Den alten Mantel schenke ich einer Freundin.

Samy • 14 Jahre

Mein Sonntag war richtig cool. Wir haben lange gefrühstückt. Alle zusammen. Der Fernseher war die ganze Zeit an, aber keiner hat ferngesehen. Später haben meine Eltern, mein Bruder und ich eine Fahrradtour gemacht. Das war super! Mittags haben wir Burger mit Pommes frites gegessen und Milchshakes getrunken. Ich liebe Burger und Fleisch. Das kann ich jeden Tag essen. Okay, wir hatten dann auch viel Müll. Das war nicht so toll. Am Nachmittag waren wir wieder zu Hause und ich bin dann mit meinem Skateboard zu meinem Freund gefahren.

c Vergleicht eure Lösungen aus 5b zu zweit.

d Was machst du für die Umwelt? Was kannst du besser machen? Schreib einen kurzen Text. Die Satzanfänge helfen.

Das Thema Umwelt finde ich wichtig, deshalb fahre ich …
Im Supermarkt nehme ich …
… ist auch gut für die Umwelt.
In Zukunft kann ich auch …

6 a *könnte, könntest, ...* – Was passt? Markiere.

- ● Du, Ella, wollen wir in der Umwelt-AG mitmachen?
- ○ Ja, das finde ich gut. Und was (1) könnte/könnten wir da machen?
- ● Im Moment ist das Thema „Energie sparen".
- ○ Hm, Energie (2) könnten/könnte jeder sparen, oder?
- ● Und in der Schule?
- ○ Die Lehrer fahren immer mit dem Auto. Sie (3) könnte/könnten auch den Bus nehmen.
- ● Gute Idee. In der Mensa ist immer das Licht an. Das (4) könnte/könntet man nachts ausmachen.
- ◆ Hallo ihr zwei! Licht ausmachen? Wollt ihr Energie sparen? Ihr (5) könntet/könnte in der Umwelt-AG mitmachen.
- ● Ah, hallo Frau Berger. Ja, dürfen wir noch mitmachen?
- ◆ Ich (6) könnte/könntest ja mal fragen ... Ähm ... nein, ich habe eine bessere Idee. Ella, du (7) könntest/könntet Herrn Meier fragen. Er macht die AG und er ist euer Klassenlehrer.
- ○ Okay.

online 3

b Schreib die Vorschläge mit *könnte*.

1. Wir – Auto fahren – weniger

   Wir könnten weniger Auto fahren.
2. die Mensa – anbieten – vegetarisches Essen

   ____
3. weniger – du – Flaschen aus Plastik – kaufen

   ____
4. Strom sparen – ihr – zu Hause

   ____
5. mein Vater – mit dem Fahrrad – zum Supermarkt – fahren

   ____
6. tauschen – mehr – Kleidung – ich

   ____

c Was könnten Mona und Samy aus 5b besser machen? Schreib drei Tipps wie im Beispiel und benutze die Ausdrücke aus Aufgabe 6d im Kursbuch.

Warum isst du jeden Tag Fleisch? Du könntest auch mal einen Salat essen.

7 a Sag mal ... *b* oder *w*? – Arbeitet zu zweit. Schreibt je zwei Sätze mit vielen Wörtern aus den beiden Spalten.

✦ Warum ✦ Wochenende ✦ Wand ✦ wollen ✦ Wasser ✦ wissen ✦ wer ✦ wir ✦ was ✦ wandern ✦ Wald ✦ warten ✦ ... ✦	✦ besuchen ✦ bei ✦ Berlin ✦ berühmt ✦ bald ✦ backen ✦ Bild ✦ Bikini ✦ Bruder ✦ bestellen ✦ Brot ✦ Banane ✦ beginnen ✦ buchstabieren ✦ blau ✦ ... ✦

b Lest in Gruppen vor. Wer hat den schönsten Satz?

8 **a** **Was bedeuten die Redewendungen? Sieh die Bilder an und lies die Aussagen. Ordne die passende Bedeutung zu.**

✦ alt / nicht mehr neu sein ✦ verliebt sein ✦ jemandem nicht helfen ✦

Tom und Julia schweben auf rosa Wolken.

____

Jan lässt Paul im Regen stehen.

____

Das ist doch Schnee von gestern!

____

b **Suche zwei Redewendungen mit Wörtern zum Thema Wetter in deiner Sprache. Wie kann man das auf Deutsch sagen oder übersetzen?**

9 **a** **Sprecht zu zweit. Fragt nach dem Wetter in …, antwortet und notiert Informationen.**

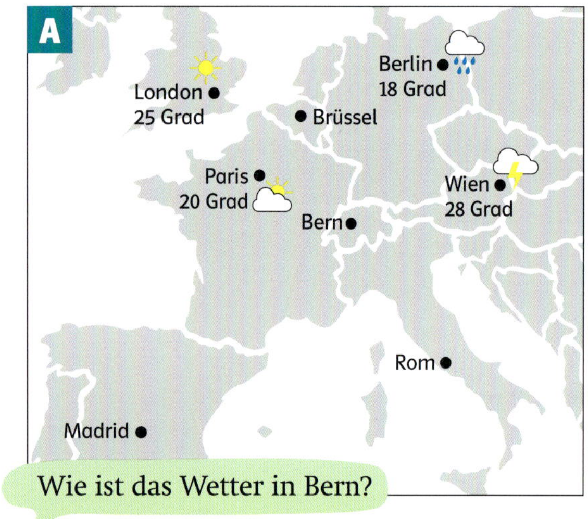

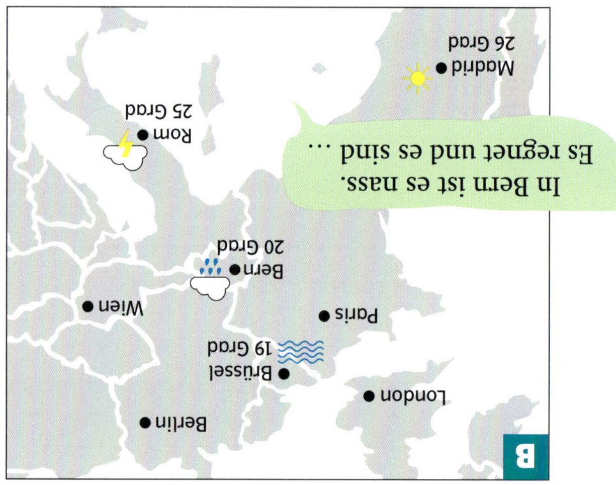

online 4 **b** **Wie ist das Wetter? Schreib mindestens zwei Informationen.**

____

____

____

____

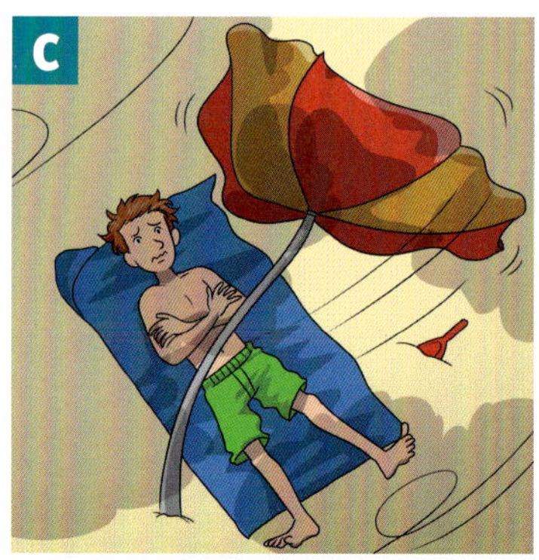

____

____

10 a Verbinde die Sätze mit *wenn … dann*.

online 5

1. Ich fahre in den Urlaub. Ich habe gute Laune.

   Wenn ich in den Urlaub fahre, (dann) habe ich gute Laune.

2. Das Meer ist zu kalt. Ich möchte nicht schwimmen.

   ____

3. Es ist bewölkt und es regnet. Mein Bruder steht nicht auf.

   ____

4. Die Sonne scheint. Wir können eine Wanderung machen.

   ____

5. Es hat geschneit. Ich möchte einen Schneemann bauen.

   ____

b Dreh die Aussage aus 10a um. Achte auf die Verbposition.

1. Ich habe gute Laune, wenn …

c Ergänze die Sätze.

1. Wenn ich ______________, ______________
   (ich – Ferien – haben / wollen – fahren – ans Meer)
2. Wenn ______________, ______________
   (regnen – stärker – es / brauchen – einen Schirm – ich)
3. Wenn ______________, ______________
   (windig – sein / können – wir – surfen – auf dem See)
4. Wenn ______________, ______________
   (haben – geschneit – es / Rad fahren – gefährlich – sein)

d Wie gehen die Aussagen weiter? Ergänze die Sätze im Heft.

1. Wenn ich traurig bin, …
2. Ich war immer glücklich, wenn …
3. Wenn ich wenig Geld habe, …
4. Meine Klasse hat viel Spaß, wenn …
5. Wenn wir einen Test schreiben, …
6. Nachmittags treffe ich Freunde, wenn …

11 Lernen – üben – spielen. Lange Sätze bilden mit *wenn … dann*. Spielt zu zweit. A beginnt einen Satz mit „Wenn …". B ergänzt ein Wort, A ergänzt weiter usw. Welches Paar hat den längsten Satz?

Wenn …

Wenn wir…

Wenn wir am Samstag …

Wenn wir am Samstag eine …

erfekt Was passt? Markiere. Notiere dann den Infinitiv.

1. Viele Jahre haben wir zu viel Energie verbraucht / verkauft. ______________
2. Früher haben die Menschen mehr Gemüse gedacht / gegessen. ______________
3. Hast du die Plastiktüten weggegangen / weggeworfen? ______________

Seite 55

ab|geben *(gibt ab, hat abgegeben)*
die **Bahn**, -en

die Bücherei, -en
die **Dusche**, -n
der Recyclinghof, -höfe
die **Reparatur**, -en
reparieren

tauschen
weg|werfen *(wirft weg, hat weggeworfen)*
gemeinsam
die Umwelt
umweltfreundlich
das Verhalten
zu Fuß

Seite 56

das **Gericht**, -e *(Mein Lieblingsgericht ist Pizza.)*
das Geflügel
manch- *(Manche Menschen mögen keine Pizza.)*
niemand
das Prozent, -e
viel- *(Viele Leute mögen Fisch.)*
die **Butter**
ebenfalls
sich ernähren
die Ernährung
der/die **Erwachsene**, -n
das Fett, -e
frisch
die **Gesundheit**
die **Meinung**, -en
populär
das **Salz**
schützen
der Trend, -s
vegan
der Veganer, -
die Veganerin, -nen
vegetarisch
der Essensplan, -pläne
die Diät, -en

Seite 57

außer *(Ich esse nichts außer Pizza.)*
backen *(backt/bäckt, hat gebacken)*
das **Lebensmittel**, -
bio- *(Bio-Lebensmittel)*
die **Bohne**, -n
braten *(brät, hat gebraten)*
der Braten, -
der Burger, -
das Chili, -s
extra
die Gurke, -n
das **Hähnchen**, -
der **Herd**, -e
interessiert
kochen
nämlich
die **Pommes frites** / die **Pommes**
praktisch
das **Rezept**, -e
schädlich
scharf *(schärfer, am schärfsten)*
die Schwäche, -n
selbstgekocht
die **Tomate**, -n
der **Topf**, Töpfe
voll *(Wir kochen einen großen Topf voll Chili.)*
die **Zitrone**, -n

Seite 58

bearbeiten

die Energie, -n

das Plastik

sparen *(Jeder kann Energie sparen.)*

die Biene, -n

die Katastrophe, -n

das Klima

das **Licht**

das **Meer**, -e

die **Pflanze**, -n

retten

der Roboter, -

teilen

die Zukunft *(In Zukunft trenne ich meinen Müll.)*

ändern

gegen *(Was kann man gegen den Müll tun?)*

recyceln

der Strom

entwerfen *(entwirf, hat entworfen)*

Seite 59

pflanzen

das Huhn, Hühner

das **Rind**, -er

das **Schwein**, -e

tun *(Jeder kann etwas für die Umwelt tun.)*

der **Fernseher**, -

laufen *(läuft, ist gelaufen) (Der Fernseher läuft den ganzen Tag.)*

beißen

deutlich

verbrauchen

verwenden

wenig

Seite 60

der Eimer, -

folgen *(folgt, ist gefolgt)*

lachen *(Die Sonne lacht.)*

schütten *(Es schüttet wie aus Eimern.)*

der Sonnenschein

der Spruch, Sprüche

bewölkt

die **Wolke**, -n

der Blitz, -e

blitzen

der Donner

donnern

das **Gewitter**, -

minus *(Es sind minus 10 Grad.)*

nass

neblig

scheinen *(Die Sonne scheint.)*

der **Schnee**

schneien

sonnig

trocken

der **Wind**, -e

windig

der Wetterbericht, -e

Seite 61

der **Schirm**, -e

der Schneemann, -männer

dunkel *(dunkler, am dunkelsten)*

Was kann ich?

1

Ich kann eine Grafik beschreiben.

→ KB/ÜB A2

Viele Österreicher essen jeden Tag …

Essgewohnheiten der Österreicher

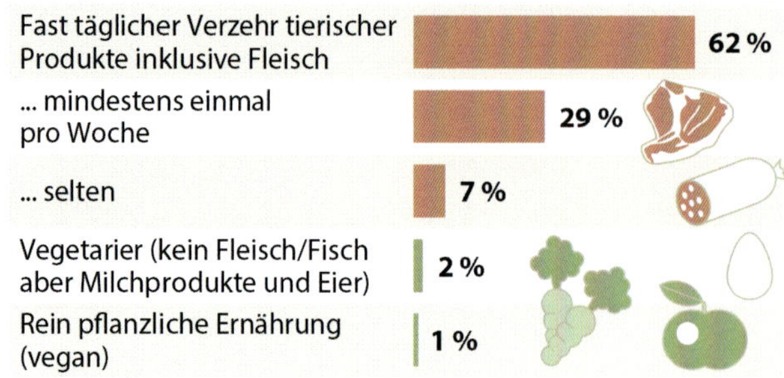

Grafik: © APA, Quelle: APA/GfK *Umfrage, 500 Befragte, Werte gerundet* APA

☺ 😐 ☹

2

Ich kann über Ernährung sprechen.

→ KB/ÜB A3, A4

Ernährung finde ich …

☺ 😐 ☹

Ist Ernährung für dich wichtig? Wie ernährst du dich? Kochst du gern? Was schmeckt dir (gar nicht)?

3

Ich kann Vorschläge machen.

→ KB/ÜB A6

☺ 😐 ☹

Wir ____________ (1) am Samstag zusammen kochen.

Ich habe eine ____________ (2): Wir kochen Nudeln mit Tomatensoße!

____________ (3) wir zusammen eine Einkaufsliste machen?

4

Ich kann das Wetter beschreiben.

→ KB/ÜB A9

☺ 😐 ☹

Im Winter ist es hier bei uns … ______________________

Im Sommer ist das Wetter hier oft … ______________________

5

Ich kann über Bedingungen und Folgen sprechen.

→ KB/ÜB A10

☺ 😐 ☹

1. Wenn das Wetter schlecht ist, ______________________________________.
2. Wenn die Sonne scheint, ______________________________________.
3. ______________________________________, freue ich mich.

So lerne und übe ich

6

Wenn ich Texte lese, teile ich sie in Abschnitte und überlege beim Lesen für jeden Teil: Was ist das Thema?

☐ manchmal ☐ oft ☐ nie

Lies den Text zu Aufgabe 3a im Kursbuch noch einmal. Welcher Satz passt zu welchem Teil 1–3? Ordne zu.

A ____ Es gibt verschiedene Ernährungstrends, zum Beispiel vegan oder vegetarisch essen.
B ____ Jugendliche interessieren sich für das Thema Ernährung.
C ____ Zum Thema gesunde Ernährung gibt es unterschiedliche Meinungen.

Testtraining 2

Hören Teil 2

1 a 1.27 **Sieh die Bilder an und hör den Anfang von einem Gespräch. Was hat Wenke auf dem Schulausflug gemacht? Welches Bild passt? Notiere A oder B unter dem Namen.**

A

B

1
Wenke

Alle Aktivitäten kommen im Gespräch vor, aber nicht alle sind richtig.

Strategie

Sieh die Bilder genau an. Was machen die Personen?
Überlege: Wie heißen die Aktivitäten auf Deutsch?

b 1.28 **Jetzt wie in der Prüfung:**

Sieh dir die Bilder an. Du hast 30 Sekunden Zeit. In der Prüfung ist der Anfang vom Gespräch das Beispiel. Dann geht das Gespräch weiter. Es bleiben drei Bilder übrig.

Du hörst ein Gespräch. Du hörst den Text einmal.
Was haben Hannahs und Maltes Freunde am Samstag gemacht?
Wähle für die Aufgaben 1 bis 5 ein passendes Bild aus a bis i.
Wähle jeden Buchstaben nur einmal. Sieh dir jetzt die Bilder an.

	0	1	2	3	4	5
Person	Hannah	Paul	Nick	Vanessa	Daniel	Jette
Lösung	d					

a

b

c

⊠

e

f

g

h

i

Lesen Teil 2

2 a In deiner Schule ist heute Musiktag. Lies die Aufgabe und den Ausschnitt aus dem Programm. Welcher Ort passt? Markiere die richtige Information im Programm und wähle die richtige Lösung a, b oder c.

1. Du interessierst dich für alte Instrumente.

- a Musikraum
- b Kunstraum
- c anderer Ort

Achtung: Schlüsselwörter wie hier das Wort „Instrumente" können mehr als einmal vorkommen. Wichtig ist hier die Information „alte".

Musiktag am Schillergymnasium, 28. Januar

Musikraum	
9 Uhr	Ihr spielt noch kein Instrument? Hier könnt ihr verschiedene Instrumente ausprobieren.
11 Uhr	Workshop: Wie schreibt man ein Lied?
15 Uhr	Konzert: Schüler spielen Geige, Klavier, Klarinette, …
Kunstraum	
10 Uhr	Wettbewerb: Ein Bild zu einem Lied malen.
13 Uhr	Präsentation: Diese Instrumente hatten die Menschen im Jahr 1800.
15 Uhr	Wir bauen selbst Instrumente.
Cafeteria	
9–12 Uhr	Frühstück mit DJ Mario: Er spielt eure Lieblingsmusik.

b Jetzt wie in der Prüfung:

Du bist in der Schule beim Umwelttag und liest das Programm.
Lies die Aufgaben 1 bis 5 und den Text. Welcher Ort passt?
Wähle die richtige Lösung a, b oder c.

Beispiel

0 Du möchtest einen Film zum Thema Müll sehen.

- a Cafeteria
- ☒ b Aula
- c anderer Ort

1 Du willst wissen: Was kann man in der Schule für Bienen tun?

- a Aula
- b Schulgarten
- c anderer Ort

2 Du verbrauchst zu viel Strom, das möchtest du ändern.

- a Biologieraum
- b Schulhof
- c anderer Ort

3 Du möchtest gern leckeres Gemüse essen.

- a Cafeteria
- b Schulgarten
- c anderer Ort

4 Du willst nicht so viel Plastik benutzen und brauchst gute Ideen.

- a Schulhof
- b Aula
- c anderer Ort

5 Du möchtest neue Pullover haben, aber keine neuen Sachen kaufen.

- a Biologieraum
- b Schulhof
- c anderer Ort

Umwelttag am Schillergymnasium, 31. März

Biologieraum

11 Uhr	Workshop: Wie können wir in der Schule und zu Hause Energie sparen?
13 Uhr	Workshop: Weniger Plastik – wie geht das?
15 Uhr	Workshop: Ideen für Umweltprojekte an unserer Schule für das ganze Jahr
16 Uhr	Workshop: Wie macht man eigene Kosmetik?

Aula

Umweltkino

11 Uhr	„Jeder Tag ist Umwelttag – ein Film der Klasse 10c"
12 Uhr	„Unser Plastik in den Meeren"
14 Uhr	„Eine Welt ohne Müll"
15 Uhr	„Bienen – so wichtig sind sie"

Cafeteria

11–16 Uhr	Verkauf von vegetarischen und veganen Speisen und Getränken
11–13 Uhr	Kochkurs: Vegan selbst kochen
15 Uhr	Präsentation: Wie leben Schweine, Rinder, Hühner?
16 Uhr	Ausstellung: Unser Schulprojekt – Tauschen und Teilen macht Spaß!

Schulhof

11–15 Uhr	Ausstellung: Unser Schulprojekt – Kunst aus Müll
11–16 Uhr	Kleidung und Schuhe kaufen, verkaufen oder tauschen
12–15 Uhr	Fahrrad kaputt? – Wir reparieren es!
14–16 Uhr	Nicht mit dem Auto zur Schule: Trainiere Inliner, Skateboard, Roller. Herr Pölke erzählt, was wichtig ist, und zeigt euch coole Tricks.

Schulgarten

11–12 Uhr	Informationen zur Schulgarten-AG
13–14 Uhr	Spaziergang im Schulgarten: Welches Gemüse ist das? Wie pflanzt man das Gemüse und vieles mehr.
14–15 Uhr	Welche Tiere leben im Schulgarten? Die Schulgarten-AG stellt sie vor.
15–16 Uhr	Präsentation: So helfen wir im Schulgarten den Bienen.

Sprechen Teil 3

3 a Eine Verabredung – Lies die Sätze und schreib sie in die Tabelle.

✦ Das passt mir leider nicht. Da ... ✦ Um ... Uhr? Das geht leider nicht. ✦ Hast du um ... Uhr Zeit? ✦
✦ Einverstanden. ✦ Da habe ich auch Zeit. ✦ Ja, das passt. ✦ Wollen wir am ... zusammen ...? ✦
✦ Gute Idee. ✦ Wir können um ... Uhr zusammen ... ✦ Ich habe um ... Uhr Zeit. Passt das? ✦
✦ Nein, tut mir leid. ✦

einen Vorschlag machen	einen Vorschlag ablehnen	einen Vorschlag annehmen

b Jetzt wie in der Prüfung:

Dieser Prüfungsteil dauert 3-4 Minuten. Du und dein Partner/deine Partnerin sollt gleich viel sprechen. Du sollst auf seine/ihre Vorschläge reagieren. Reagiere nicht nur mit *Ja* oder *Nein*.

Ihr wollt zusammen für die Klassenfahrt Essen, Trinken und Zeitschriften einkaufen. Findet einen Termin.

A	
Samstag, 24. Mai	
8:00	
9:00	joggen
10:00	Klavier üben
11:00	
12:00	Max abholen
13:00	Essen bei Oma und Opa
14:00	Rasen mähen
15:00	
16:00	Jan und Dana treffen
17:00	
18:00	
19:00	Mathe lernen
20:00	Konzert Namika

B	
Samstag, 24. Mai	
8:00	lange Schlafen
9:00	
10:00	mit Ina ins Schwimmbad
11:00	
12:00	
13:00	zu Tante Katja
14:00	
15:00	Physik lernen
16:00	üben für Schulkonzert
17:00	
18:00	
19:00	Lieblingsserie ansehen
20:00	

Strategie

Nehmt euer Gespräch mit dem Handy auf. Hört es zusammen an. Hat jeder gleich viel gesprochen? Habt ihr auf die Vorschläge reagiert? Was könnt ihr noch besser machen? Versucht es jetzt noch einmal.

Zu Hause 7

1 a Zu Hause – Spielt zu zweit.

die Treppe.	Wir wohnen im
Bad.	Unsere alten Sachen stehen im
ersten Stock.	Wir haben keinen Garten. Aber ich mag unseren
Küche.	Ich chille gern auf unserem Sofa im
Erdgeschoss.	Wenn ich ihn besuchen will, nehme ich oft den Aufzug, nicht
Keller.	Meine Schwester und ich schlafen zusammen in einem
Wohnzimmer.	Morgens dusche ich im
Zimmer.	Wir spielen manchmal Fußball bei unseren Nachbarn. Die haben einen
Balkon.	Unser Auto und unsere Fahrräder stehen in der
Garten.	Mein Freund wohnt auch in unserem Haus. Er wohnt im
Garage.	Am Abend essen wir immer zusammen in der

Wir wohnen im …

ersten Stock. Wir haben …

2.02 **b Lieblingsorte in der Wohnung oder im Haus – Hör die Aussagen. Wo sind die Jugendlichen besonders gerne? Was machen sie da? Verbinde die Personen mit den passenden Orten und Aktivitäten.**

in der Küche

lesen, Musik hören, Tischtennis spielen

im Wohnzimmer

chillen, am Computer spielen, lernen, Hausaufgaben machen

Linus, 15

Mara, 14

Fanny, 15

Jan, 14

im Garten

fernsehen, mit dem Hund spielen, mit der Familie essen und reden

im eigenen Zimmer

essen, sich unterhalten, Hausaufgaben machen

c Wo bist du besonders gern? Was machst du da? Schreib einen kurzen Text.

Mein Lieblingsort zu Hause ist der Garten. Dort kann ich …

2 a Verben mit Dativ und Akkusativ. Was passt wo? Ergänze die Verben in der richtigen Form.

✦ zeigen ✦ geben ✦ erklären ✦ leihen ✦ schenken ✦ schicken ✦ bringen ✦

1. ● Ich habe mein Geld vergessen. Wer kann mir fünf Euro ______________? ○ Ich! Hier, bitte.
2. ● Kannst du mir Mathe ______________? Ich verstehe das einfach nicht. ○ Ich leider auch nicht.
3. ● ______________ mir eine Nachricht, wenn du Zeit hast. ○ Okay, mache ich.
4. ● Luis ______________ Jannik einen Gutschein zum Geburtstag. ○ Gute Idee!
5. ● Was schenke ich Sophie? Kannst du mir einen Tipp ______________? ○ Nee, keine Ahnung.
6. ● Ich ______________ dir die Fotos, wenn du sie sehen willst. ○ Ja, gerne.
7. ● Ich ______________ dir dein Buch heute Nachmittag zurück. Ich habe es jetzt leider vergessen. ○ Kein Problem.

b Mein Tag – Bring die Satzteile in die richtige Reihenfolge.

Nicht vergessen: Dativ steht vor Akkusativ.

1. meiner Schwester / Zuerst / erklären / musste / die Grammatik / ich / .
   Zuerst musste ich meiner Schwester die Grammatik erklären.
2. Dann / einen Kuchen / habe / gebracht / ich / meiner Oma / .
   ____
3. 10 Euro / Meine Oma / hat / geschenkt / mir / .
   ____
4. meinen Eltern / Am Nachmittag / ich / meinen Aufsatz / habe / gezeigt / .
   ____
5. Dann / habe / gebracht / ich / ein Buch für die Schule / meinem Freund / .
   ____

online 1

c Was passiert hier? Schreib Sätze.

✦ geben ✦ Lukas ✦ Kim ✦ ihrem Bruder ✦ schenken ✦ ihren Eltern ✦ das Handy ✦ erklären ✦ Blumen ✦
✦ Marie ✦ den Schülern ✦ die Grammatik ✦ die Lehrerin ✦ die Note ✦ seiner Oma ✦ zeigen ✦

1. ______________________________
2. ______________________________
3. ______________________________
4. ______________________________

d **Schreib Sätze mit Dativ und Akkusativ.**

1. Ich verstehe das nicht. (die Aufgabe) — Kannst du _mir_ _die_ _Aufgabe_ erklären?
2. Sinan hat seinen Stift vergessen. (ein Stift) — Kannst du _____ ________________ leihen?
3. Sophie hat bald Geburtstag. (ein Buch) — Wir schenken _____ ________________.
4. Wir wollen Ole besuchen. (der Weg) — Könnt ihr _____ ________________ zeigen?
5. Ich muss Mia anrufen. (ihre Nummer) — Schickst du _____ ________________, bitte?

3

a **Stress zu Hause – Was ist positiv und was ist negativ? Notiere ☺ oder ☹.**

online 2

zufrieden sein _____	sich streiten _____	glücklich sein _____	nerven _____
sich ärgern _____	Stress haben _____	sauer sein _____	gute Laune haben _____
sich freuen _____	wütend sein _____	Spaß haben _____	

b **Ordnet die Dialoge und sprecht dann zu zweit.**

1
- ☐ ● Ich weiß auch nicht. Tut mir wirklich leid.
- ☐ ○ Ah nein, was essen wir jetzt am Abend?
- ☐ ○ Das kann jedem mal passieren. Dann essen wir Nudeln.
- ☐ ● Ich habe kein Brot gekauft. Ich habe es vergessen.

2
- ☐ ● Ja, aber ich habe die ganze Zeit mit Florian geredet.
- ☐ ○ Entschuldige bitte! Ich bin zu spät, aber ich habe den Bus verpasst.
- ☐ ○ Aber du wartest schon 20 Minuten.
- ☐ ○ Ah, dann ist gut.
- ☐ ● Kein Problem.

3
- ☐ ● Nichts passiert.
- ☐ ○ Oh, da bin ich froh.
- ☐ ○ Habe ich dir weh getan? Das wollte ich nicht.

4
- ☐ ● Nein, ich hole es morgen bei dir ab.
- ☐ ● Macht nichts.
- ☐ ○ Aber du brauchst es heute, oder?
- ☐ ○ Ich wollte dir das Buch mitbringen. Aber ich habe es zu Hause vergessen. Entschuldigung.

c **Lies die Dialoge in 3b noch einmal. Wie entschuldigen sich die Personen, wie reagieren sie auf Entschuldigungen? Markiere die passenden Ausdrücke in 3b.**

4

Tipps und Ratschläge – Was passt zusammen? Ordne zu.

online 3

1. ____ Meine Eltern finden, dass ich mehr lernen soll. Aber ich lerne schon viel.
2. ____ Ich bin sauer, weil meine Schwester immer meine Sachen nimmt.
3. ____ Meine Mutter ist sauer, weil ich mein Zimmer nicht aufgeräumt habe.
4. ____ Ich will nicht immer auf meinen kleinen Bruder aufpassen.

A Vielleicht ist das eine Lösung: Ihr vereinbart einen Tag in der Woche. Und an diesem Tag machst du immer Ordnung in deinem Zimmer.
B Du könntest deinen Eltern zeigen, was du alles für die Schule machst.
C Du musst ihr sagen, dass du das nicht willst.
D Ich verstehe dich gut, weil ich auch kleinere Geschwister habe. Du musst mit deinen Eltern zusammen eine Lösung finden.

5 a Wie heißen die Möbel? Ergänze auch die Artikel. Wie heißt das Lösungswort?

1. ______ _ _ ▢ _
2. ______ _ _ _ ▢ _
3. ______ _ _ ▢ _ _
4. ______ _ _ _ _ _ ▢ _ _ _ _ _ _
5. ______ _ _ _ _ ▢
6. ______ _ _ _ ▢ _ _ _ _ _ _ _ _ _ _
7. ______ _ ▢ _ _

Lösungswort: ______ _ _ _ _ _ _ _

b Das braune Sofa ist … – Ordne zu.

✦ hässlich ✦ ~~toll~~ ✦ bequem ✦ nicht so gut ✦ perfekt ✦ richtig gut ✦ zu teuer ✦

☺	☹
toll	

c Lies den Dialog und ergänze die Übersicht. Markiere dann die Endungen.

● Wie gefällt dir der schwarze Schreibtisch?
○ Zu teuer. Sieh mal, das große Regal ist toll!
● Ja, stimmt. Die blaue Lampe hier ist schön, oder?
○ Nein, die ist hässlich. Mir gefallen die weißen Lampen hier.

Adjektive nach dem bestimmten Artikel: Nominativ

der ______________ Schreibtisch
das ______________ Regal
die ______________ Lampe
die (Pl.) ______________ Lampen

d Wem gefällt was? Schreib Sätze ins Heft.

1. Olli – Bett 2. Finja – Schrank 3. Mascha – Uhr 4. Chris – Sofa

1. Olli gefällt das graue …

6 a Ergänze das Adjektiv in Klammern im Akkusativ.

1. ● Wie findest du das ____________ Regal (groß) hier, Sophie?
   ○ Das sieht langweilig aus.
2. ● Kauf doch den ____________ Stuhl (blau).
   ○ Was? Den ______________ Stuhl (hässlich) kaufe ich bestimmt nicht.
3. ● Die ___________ Lampe (grau) kannst du kaufen. Die gefällt mir.
   ○ Nein, ich kaufe die _____________ (groß) Lampe hier.

b Nominativ oder Akkusativ? Kreuze die richtige Form an.

1. ● Wo ist das ☐ neue ☐ neu Tablet? — ○ Im Regal.
   ● Meinst du das ☐ weißen ☐ weiße Regal im Wohnzimmer? — ○ Ja.
2. ● Ich suche den ☐ rote ☐ roten Ohrring. — ○ Oh, ist er weg?
   ● Ja, und der ☐ schwarzen ☐ schwarze Pullover ist auch weg. — ○ Hm, komisch.
3. ● Wie findest du die ☐ kleine ☐ klein Uhr hier? — ○ Langweilig.
   ● Ehrlich? Okay, die ☐ großen ☐ große Uhr passt auch ins Zimmer. — ○ Ja, die ist gut.
4. ● Hast du die ☐ blaue ☐ blauen Sportschuhe gesehen? — ○ Ja, echt cool.
   ● Aber zu teuer. Ich kaufe lieber die ☐ graue ☐ grauen Schuhe. — ○ Die sind auch schön.

online 4

c Lies den Dialog und ergänze *-e*, *-en* oder --.

● Das neu____ (1) Zimmer sieht ja wirklich schön aus!

○ Danke, aber es ist nicht alles neu____ (2). Das groß____ (3) Bett habe ich schon länger. Aber wie gefällt dir das rot____ (4) Sofa?

● Super! Es ist bestimmt sehr bequem____ (5).

○ Ja, probier es aus!

● Cool! Und ich finde den schwarz____ (6) Spiegel toll!

○ Ja, der alt____ (7) Spiegel war wirklich hässlich____ (8).

● Oh, hattest du die klein____ (9) Pflanzen schon?

○ Nein. Ich hatte überhaupt keine Pflanzen.

Erinnerst du dich?
Das neue Regal.
Aber: *Das Regal ist neu.*

d Was möchte Kim für ihr neues Zimmer haben? Wähle für jeden Gegenstand eine Farbe. Schreib dann vier Sätze.

1

2

3
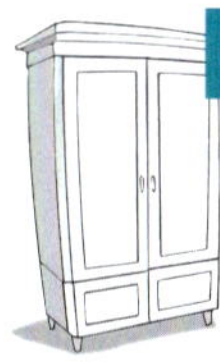
4

1. Kim möchte das ______________________________.
2. Sie findet ______________________________.
3. Außerdem ______________________________.
4. ______________________________.

Achtung, die Farben *rosa* und *lila* haben keine Endung:
Ich möchte das rosa Regal.

7 Welches Haus gefällt dir, welches nicht? Wähle zwei Häuser aus und beschreibe sie. Verwende die Adjektive im Dativ.

1

rot, klein, grün

2

lang, braun, groß

3

groß, blau, weiß

Mir gefällt das Haus mit dem roten Balkon, mit dem …
Das Haus mit … mag ich nicht.

8 DSD I

Wer hat die Nachricht geschrieben? Lies die Zusammenfassungen 1–4 und die Nachrichten (A–F). Schreib den richtigen Buchstaben (A–F) in die rechte Spalte. Du kannst jeden Buchstaben nur einmal wählen. Zwei Nachrichten bleiben übrig.

0	Jari lädt seine Freunde zu einer Party ein.	Z
1	Jana hat sich mit einer Freundin gestritten.	
2	Finns Freund soll kommen und ihm helfen.	
3	Oliver bereitet eine Gartenparty vor.	
4	Ina möchte nach der Schule zu ihrer Freundin gehen.	

Streiche die Buchstaben durch, die du schon zugeordnet hast. Konzentriere dich nur auf die restlichen Texte.

Z	Hallo zusammen, endlich sind wir in das neue Haus gezogen. Das neue Zimmer ist super und das will ich mit euch feiern! Samstag in der Armgartstraße 42, ab 18 Uhr. Ich hoffe, ihr könnt alle kommen. Sagt mir bis Mittwoch Bescheid.
A	Hey, mein Plan für heute? Also, zuerst gehe ich in den Keller und suche Dekoration. Dann backe ich Kuchen und Pizza, danach suche ich coole Musik aus. Anschließend dekoriere ich den Garten. Zuletzt ziehe ich coole Klamotten an und die Feier kann beginnen.
B	Hallo, ich habe mich heute Morgen mit meinen Eltern gestritten. Es war echt schlimm. Kann ich heute Abend zu dir kommen? Ich möchte nach der Schule nicht sofort nach Hause. Antworte schnell.
C	Hi, morgen schreiben wir einen Physiktest. Ich verstehe nicht alles. Kann ich dich heute Abend anrufen und du hilfst mir ein bisschen? Ich habe ein paar Fragen. Du bist doch so gut in Physik.
D	Hallo, Melinda und ich hatten einen Streit. Sie redet nicht mehr mit mir und ihr Handy ist aus. Kannst du zu Melinda nach Hause gehen und mit ihr sprechen? Sag ihr bitte, dass es mir leidtut.
E	Hallo, Jenna hat ja am Mittwoch Geburtstag. Habt ihr schon ein Geschenk? Wir können ihr ja zusammen etwas schenken. Hat jemand eine Idee? Ich kann das Geschenk auch kaufen und zur Party mitbringen. Also, meldet euch.
F	Hey, meine Eltern haben mir gestern ein Regal gekauft. Ich möchte es gerne aufbauen. Meine Eltern können mir nicht helfen. Sie haben keine Zeit. Kannst du nach der Schule zu mir kommen und mir helfen? Bitte!

9

Schreib höfliche Bitten. Schreib je drei Varianten.

1. (du, Oma helfen) Hilf Oma, bitte. Kannst du ... ____________________

2. (ihr, Zimmer aufräumen) ____________________

3. (Sie, später wieder anrufen) ____________________

10 a Wie heißt das Material? Notiere.

online 5

MEPAPIERLZOPLASTIKIERHOLZGLESTOFFALLGLASTIKMETALLSAL

A 
B 
C 
D 
E 
F 

______ ______ ______ ______ ______ ______

b Was hast du aus den Materialien?

A. Mein Fenster ist aus Glas. B. Mein Bett ...

11

2.03

Sag mal ... *ts* – Lies die Sätze und markiere alle „*ts*"-Laute. Hör dann zur Kontrolle und sprich nach. oder Hör und lies die Sätze. Markiere dann die „*ts*"-Laute. Hör noch einmal und sprich nach.

1. Fünfzig Pflanzen ganz aus Plastik – wie hässlich!
2. Zuerst ein kurzer Blitz und dann funktioniert nichts mehr.
3. Abends sitzt die schwarze Katze im Wohnzimmer am Fenster.

12

Lernen – üben – spielen. Spielt zu zweit. Notiert zusammen acht Möbel oder Dinge + Adjektiv. Wählt vier und zeichnet sie in das Zimmer. Fragt euch gegenseitig. Antwort „Ja" ➤ weiterfragen, Antwort „Nein" ➤ der andere ist dran. Wer hat zuerst alle Dinge vom Partner erraten?

Hast du das weiche Bett?

Nein. Hast du die ....?

Bett weich
Lampe groß

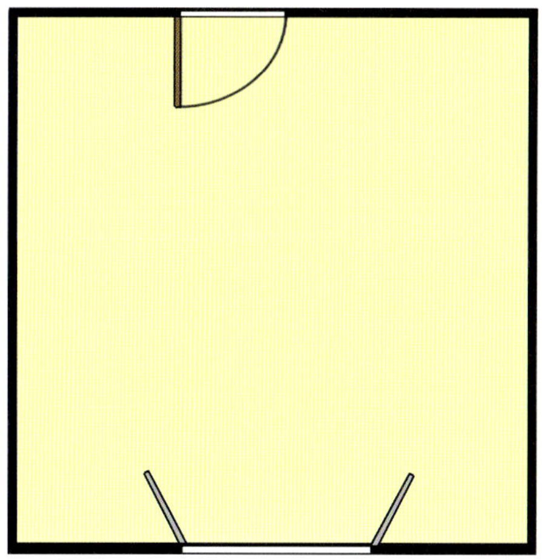

Perfekt

Suche sechs Partizipien und ergänze die Sätze.

A	G	E	H	O	L	F	E	N	O
G	E	S	T	R	I	T	T	E	N
U	G	A	N	D	U	G	M	H	B
G	E	L	I	E	H	E	N	O	A
E	B	H	V	F	J	Z	K	L	T
Z	A	E	S	A	C	O	E	N	H
O	C	B	L	U	B	G	L	E	R
S	K	A	M	Z	O	E	Y	P	E
G	E	L	E	S	E	N	Ö	F	T
E	N	C	H	U	E	I	X	D	E

1. ● Mein Vater hat gestern Pizza für alle ______________.
   Ich habe ihm beim Backen ______________.
   ○ Toll! Die Pizza war bestimmt lecker.
2. ● Martin hat sich mit Nathan ______________,
   weil er Nathan Geld ______________ hat. Und
   Nathan gibt ihm das Geld nicht zurück.
   ○ Wie immer.
3. ● Hast du die Mail von Ben schon ______________?
   ○ Ja, sein Bruder ist nach London ______________
   und er besucht ihn bald.

Wichtige Wörter

Seite 69

das **Erdgeschoss**, -e

der **Stock** *(Ich wohne im ersten Stock.)*

der **Aufzug**, Aufzüge

der **Balkon**, -e

das Dach, Dächer

die **Garage**, -n

der **Garten**, Gärten

der **Keller**, -

die Terrasse, -n

die **Treppe**, -n

Seite 70

der Konflikt, -e

das Regal, -e

das **Thema**, Themen

zurück|geben *(gibt zurück, hat zurückgegeben)*

der **Fotoapparat**, -e

Seite 71

drinnen

kaputt

putzen

sauber

sauber machen

schmutzig

die Vase, -n

verpassen *(Ich habe den Bus verpasst.)*

die **Verspätung**, -en

die Entschuldigung, -en

nerven *(Das nervt mich.)*

schrecklich

ständig

vereinbaren

der Ratschlag, Ratschläge

Seite 72

der Kleiderschrank, -schränke

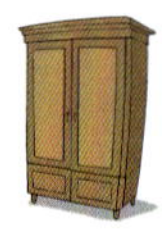

der Schreibtisch, -e

der Schreibtischstuhl, -stühle

bequem

hässlich

der Prospekt, -e

Seite 73

das Möbelhaus, -häuser ____________

der Spiegel, - ____________

der Tẹppich, -e 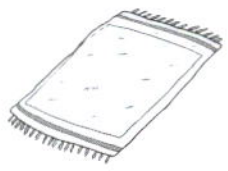 ____________

verạ̈ndern ____________

Seite 74

auf|bauen ____________

zusạmmen|bauen ____________

die Ạnleitung, -en ____________

ein|räumen ____________

holen ____________

ọ̈ffnen ____________

prüfen ____________

das Teil, -e ____________

das Wẹrkzeug, -e ____________

die Wạnd, Wạ̈nde ____________

der Ạblauf, Ạbläufe ____________

zulẹtzt ____________

aus|leihen *(leiht aus, hat ausgeliehen)* ____________

vọrne ____________

dịck ____________

fẹst|halten *(hält fest, hat festgehalten)* ____________

freundlich ____________

die **Rẹchnung**, -en ____________

Seite 75

ẹckig ____________

hart ____________

rụnd ____________

weich ____________

das Metạll, -e ____________

der Stọff, -e ____________

das Plạstik ____________

das Lọch, -er ____________

aus|schneiden *(schneidet aus, hat ausgeschnitten)*

die Einkaufsliste, -n

fạlten

fẹrtig

hịnten

Was kann ich?

1

Ich kann mich entschuldigen.

→ KB/ÜB A3

😊 😐 ☹

A

○ ______________________

● Macht nichts.

B

● Oh nein!

○ ______________________

C

● Aua!

○ ______________________

2

Ich kann Tipps und Ratschläge geben.

→ KB/ÜB A4

😊 😐 ☹

Streit mit Freund/ Freundin

schlechte Noten in der Schule

Ich verstehe dich gut, weil …
Du musst …
Du könntest auch …
Vielleicht ist das eine Lösung: …

Mein Freund hat schon wieder … Deshalb bin ich …

Ich verstehe dich gut, weil …

3

Ich kann höfliche Bitten äußern.

→ KB/ÜB A9

😊 😐 ☹

✦ die Aufgabe erklären ✦ die Tür zumachen ✦ ein Glas Wasser geben ✦
✦ 5 Euro leihen ✦ den Weg zeigen ✦ bei den Hausaufgaben helfen ✦

Könntest du mir bitte die Aufgabe erklären?

4

Ich kann Dinge beschreiben.

→ KB/ÜB A10

😊 😐 ☹

Der Spiegel ist eckig. Er ist aus …

A

B

C

D

So lerne und übe ich

5

Ich erstelle Lernzettel und lese sie immer wieder.

☐ manchmal ☐ oft ☐ nie

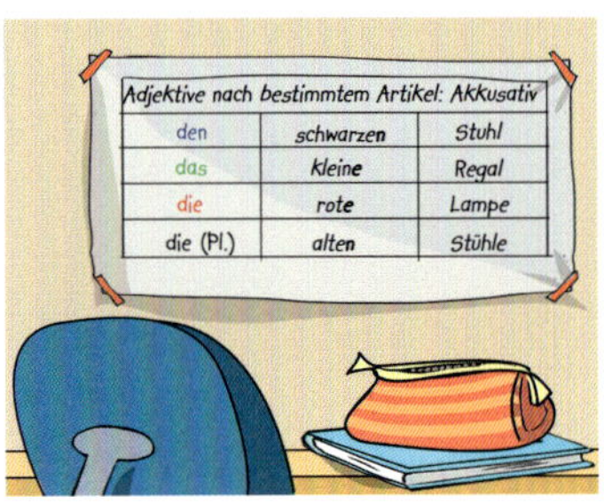

Adjektive nach dem bestimmten Artikel: Akkusativ
den schwarzen Stuhl
das

Ich hätte gern … 8

1 a Sieh die Fotos an und lies die Texte. Welche Teile passen zusammen? Ordne zu.

Zu jedem Outfit gehört bei ihm eine Mütze, im Sommer und im Winter.

Caro liebt Schwarz. Sie trägt immer einen Rucksack und mag Jogginghosen.

Hier sind ihre Lieblingspullis. Dazu trägt sie Jeans und Stiefel. Einfach perfekt!

Das ist Timo. Er liebt helle Farben: hellblau, weiß, hellgrau.

Das ist ihr Lieblingsoutfit, natürlich in Schwarz.

Mika ist sehr sportlich, seine Klamotten auch.

Er zieht gern Hemden und Sportschuhe an und er trägt oft Sonnenbrillen.

Danie mag es bunt: gelb, rosa, rot, orange. Vor allem im Winter.

b Wie heißen die Sachen? Schreib die Wörter richtig.

1. der R C K U S K A C ____________________
2. die S I E T F L E ____________________
3. die K T T E E ____________________
4. der R N G I ____________________

2 Was passt zusammen? Ordne zu.

online 1

1. ____ ● Wie findest du den Rock?
2. ____ ● Das Kleid sieht super aus. Die Farbe ist toll.
3. ____ ● Ich finde: Die Jacke steht dir richtig gut.
4. ____ ● Die Stiefel sind schön, sie gefallen mir echt gut.
5. ____ ● Und, probierst du die Hose jetzt an?
6. ____ ● Der Pulli ist toll, aber er ist leider zu teuer. Was denkst du?
7. ____ ● Finn und Levi tragen gern Mützen. Sie gefallen ihnen sicher.

○ A Ja, und sie stehen dir auch gut.
○ B Meinst du diesen hier? Der ist toll.
○ C Ja, 65 Euro sind wirklich zu viel.
○ D Lila, findest du? Mir gefällt es irgendwie nicht so.
○ E Das stimmt. Dann kaufen wir sie für die beiden.
○ F Danke. Das finde ich auch. Ich glaube, ich nehme sie.
○ G Mhm, ich weiß nicht. Die Jeans ist voll schön, aber auch teuer.

3 a Lies den Dialog und ergänze.

✦ Ich probiere sie mal an. ✦ Aber sie sind leider zu teuer. ✦ Die sind nicht so teuer. ✦ Mir gefallen die weißen Schuhe hier besser. ✦

● Wie findest du die rosa Sportschuhe?

○ Die sind nicht so toll. Rosa mag ich nicht. ______________________________ (1)

● Die sind wirklich total schön.

○ Ja. ______________________________ (2) Sie kosten 95 Euro! So viel Geld bekomme ich von meinen Eltern nicht.

● Schade. Sie stehen dir wirklich gut. Gefallen dir die schwarzen Sportschuhe? ______________________________ (3) Nur 60 Euro.

○ Zeig mal. Mhm, meinst du? ______________________________ (4)

b Welches Demonstrativpronomen passt? Markiere.

A

1. Der/Das/Die/Die ist leider zu teuer.

B

2. Wow, der/das/die/die sind cool.

C
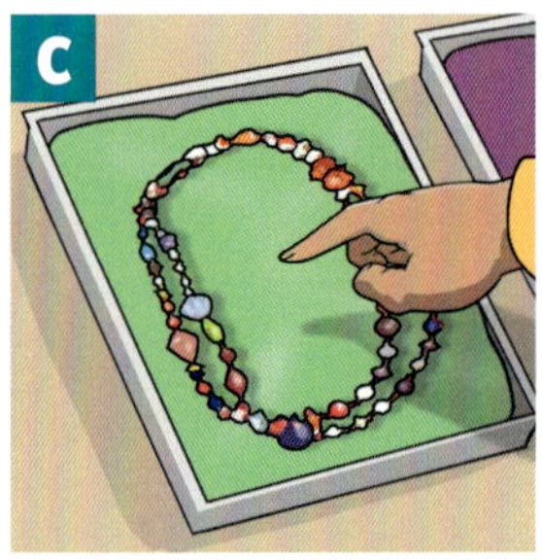

3. Der/Das/Die/Die gefällt mir nicht so gut.

D

4. Der/Das/Die/Die steht mir sicher.

online 2

c Schreib die Demonstrativpronomen im Akkusativ.

	Demonstrativpronomen				
Nominativ	der	das	die	die	ist/sind toll
Akkusativ					finde ich toll

d **Ergänze die passenden Demonstrativpronomen.**

1. ● Wie findest du den? ○ Den Rock? _______ ist toll.
2. ● Wow, _______ ist schön, sieh mal. ○ Meinst du die Jacke? Mir gefällt sie nicht.
3. ● Die Stiefel finde ich nicht so toll, und du? ○ Nee, _______ gefallen mir auch nicht. Stiefel mag ich nicht.
4. ● Das Shirt ist ja günstig. ○ Was, _______? Das ist doch nicht günstig.
5. ● Der Rucksack ist ja schön. ○ Ja, wirklich. _______ nehmen wir, los.

4 **a** **Verbinde die Gegenteile.**

1. zu groß	zu kurz
2. zu weit	zu klein
3. zu lang	zu eng

2.04 **b** **Beim Shoppen – Ordne die Dialoge, hör dann zur Kontrolle.** oder **Hör erst die Dialoge und ordne sie danach.**

Dialog A

- ☐ ● Vielen Dank, ich probiere sie mal an.
- 1 ○ Kann ich dir helfen?
- ☐ ○ Einen Moment. Ja, die Bluse haben wir auch in M. Hier, bitte schön.
- ☐ ○ Was kann ich für dich tun?
- ☐ ● Ja, bitte.
- ☐ ● Die Bluse ist leider zu eng. Haben Sie die auch in Größe M?

Dialog B

- ☐ ○ Ja, gern.
- ☐ ● Der ist im Angebot, er kostet nur 19,90 Euro.
- ☐ ● Möchtest du ihn probieren?
- ☐ ○ Entschuldigung, was kostet der Pulli?
- ☐ ● Die Umkleidekabinen sind dort hinten rechts.
- ☐ ○ Oh, das ist wirklich günstig.

5 **a** **Was hättest du gern? – Schreib die Formen von *haben* im Konjunktiv II.**

ich	hätte	wir	
du		ihr	
er/es/sie		sie/Sie	

online 3 **b** **Höfliche Bitten – Ergänze.**

1. Ich h __ __ __ __ gern … 2. Ich __ ö __ __ __ __ bitte …
3. Ich n __ __ __ __ …, bitte!

c **In der Pause am Schulkiosk – Spielt zu zweit.
Person 1 fragt nach dem Wunsch, Person 2 bestellt.
Tauscht dann die Rollen.**

Also, ich … und …

Was möchtest du denn?

6 Wo passen die Verben? Ergänze. Es gibt mehrere Möglichkeiten. Schreib zu jedem Ausdruck einen Satz.

✦ bekommen ✦ bezahlen ✦ geben ✦ sparen ✦ überweisen ✦ ~~ausgeben~~ ✦

1. Geld für Comics ___ausgeben___
2. von den Eltern Geld ______
3. wenig kaufen und Geld ______
4. eine neue Hose ______
5. Geld auf ein Konto ______
6. Kindern das Geld bar ______

7 Lies die Texte im Kursbuch noch einmal. Wer hat das über welche Person gesagt? Notiere die Namen.

	Die Eltern von …	Die Großeltern von …
1. Von uns bekommt er nicht viel Taschengeld. Aber er arbeitet für seinen Traum.	______	______
2. Manchmal überweisen wir Geld auf sein Konto. Er gibt ja immer alles sofort aus.	______	______
3. Sie hat genug Geld! 50 Euro Taschengeld und sie hat gespart.	______	______
4. Er ist ein guter Schüler. Wir geben ihm etwas Geld, wenn er eine gute Note bekommt.	______	______
5. Sie bekommt einen kleinen Betrag von uns. Wenn sie mehr braucht, muss sie arbeiten.	______	______

8 a Spielt den Dialog zu zweit und variiert ihn mit den blauen Teilen a–e. Hört zuerst ein Beispiel.

2.05

● Hi. Du, ich möchte (a) kaufen. Kannst du mir Geld leihen?

○ (a)? Spinnst du? Das ist doch (b)! Tut mir leid. Ich habe kein Geld für dich.

● Das ist doch (b). Na gut, dann verkaufe ich eben (c).

○ Was ist denn mit (d)? Hast du das Geld nicht mehr?

● Ja … hm. Das Geld habe ich schon für (e) ausgegeben.

○ Na toll!

a
✦ einen großen Hund ✦
✦ ein kleines Kaninchen ✦
✦ eine süße Katze ✦

b
✦ (k)ein blöder Plan ✦
✦ (k)ein langweiliges Tier ✦
✦ (k)eine blöde Idee ✦

c
✦ meinen alten Computer ✦
✦ mein neues Tablet ✦
✦ meine coole Lederjacke ✦

d
✦ deinem tollen Ferienjob ✦
✦ deinem neuen Konto ✦
✦ deiner guten Arbeit im Supermarkt ✦

e
✦ einen coolen Roller ✦
✦ ein neues Handy ✦
✦ eine teure Gitarre ✦

online 4

b Lies die Sätze und ergänze die Endungen.

1. Von meinem Geld kaufe ich jeden Monat einen neu_en_ Comic. Japanisch____ und französisch____ Comics finde ich am besten.
2. Warum liest du nicht mal ein gut____ Buch oder eine interessant____ Zeitschrift?
3. Ich lese keine dick____ Bücher. Da gibt es keine spannend____ Geschichten. Bei einer langweilig____ Geschichte schlafe ich immer ein.
4. Ich gebe mein Geld lieber für ein schön____ Kleid aus. Eine neu____ Hose brauche ich nicht. Ich habe schon eine weiß____ und eine blau____. Morgen gehe ich mit meinem groß____ Bruder in die Stadt und kaufe ein. Er hat immer gut____ Tipps für mich.
5. Klamotten? Dafür gebe ich kein Geld aus. Dann gehe ich lieber ins Kino und sehe einen cool____ Film. Am liebsten gehe ich in ein groß____ und modern____ Kino.

Nach *kein-*, *mein-* sind die Endungen im Singular wie nach *ein-*.

Im Plural nach *kein-*, *mein-* aber immer *-en*.

c Ergänze die Sätze. Achte auf die Endungen im Akkusativ und Dativ.

1. Mit ein_em_ __________ Job kann man etwas Geld verdienen. (gut)
2. Viele Jugendliche geben ihr Geld für ein____ __________ Kleidungsstück aus. (neu)
3. Bei __________ Wünschen helfen manchmal die Großeltern. (groß)
4. Auf dem Konto kann man ein____ __________ Summe sparen. (klein)
5. Man kann auch Geld sparen, wenn man Kleidung mit ein____ __________ Freundin oder ein____ __________ Freund tauscht. (gut)

9 online 5

a Zustimmen und ablehnen – Welche Satzteile passen zusammen? Verbinde.

Ich glaube, dass viele Jugendliche genug Taschengeld bekommen.

1. ____ Das stimmt nicht. Viele Jugendliche
2. ____ Ja, genau. Meine Freunde und ich
3. ____ Das glaube ich nicht, weil
4. ____ Du hast recht. Und ich finde, dass wir auch

A alles so teuer ist.
B haben zu wenig Geld.
C nicht so viel Geld brauchen.
D haben keine Probleme mit unserem Taschengeld.

b Zustimmen (Z) oder ablehnen (A)? Notiere für 1–4 den passenden Buchstaben in 9a.

c In einem Internetforum findest du folgende Aussagen zum Thema „Reicht dein Taschengeld?". Lies die Aussagen. Welche sind positiv (+), welche sind negativ (-)? Notiere.

Leon: Ich bekomme 30 Euro Taschengeld. Ich finde, dass das zu wenig ist, weil alles so teuer ist. Ich gehe einmal ins Kino und 15 Euro sind weg. ☐

Konrad: Ich bekomme wenig Taschengeld. Das ist aber in Ordnung, weil ich einen Job habe und etwas Geld verdiene. ☐

Tonja: Ich habe oft Streit mit meinen Eltern, denn meine Freundinnen haben mehr Geld als ich. Ich finde es peinlich, wenn ich nicht genug Geld habe. ☐

Magda: Meine Eltern geben mir 30 Euro im Monat. Das ist okay für mich, denn sie bezahlen auch Kleidung und geben mir Geld für die Mensa oder für das Kino. ☐

d Welche Gründe nennen die Jugendlichen für ihre Meinung? Markiere in 9c.

e **Claire hat die Aussagen im Forum gelesen und findet sie interessant. Deshalb hat sie zu dem Thema einen Artikel in der Schülerzeitung geschrieben. Lies die Abschnitte A, B, C und D und ordne sie 1, 2, 3 und 4 zu.**

Hier beschreibt Claire …

1. ____ ihre Meinung zum Thema „Reicht dein Taschengeld?"
2. ____ die vier Meinungen aus dem Forum mit eigenen Worten.
3. ____ ihre Erfahrung zum Thema „Reicht dein Taschengeld?"
4. ____ das Thema von ihrem Artikel.

Reicht dein Taschengeld?

A Viele Schüler sprechen über das Thema Taschengeld. Auf dem Schulhof, zu Hause und im Internet.

B Ich habe in einem Forum viele Meinungen zum Thema gefunden. Ein Junge sagt, dass er nie genug Geld hat, weil alles so teuer ist. Und ein Mädchen hat geschrieben, dass ihre Freundinnen mehr Geld haben als sie. Sie findet es nicht gut, wenn sie nicht alles bezahlen kann. Darum streitet sie mit ihren Eltern. Es gibt aber auch positive Meinungen. Ein Mädchen sagt, dass ihr das Geld reicht, weil ihre Eltern sehr viel bezahlen. Ein Junge findet sein Taschengeld okay, weil er auch einen Job hat.

C Als ich 8 Jahre alt war, habe ich nur 10 Euro Taschengeld bekommen. Das war nicht viel, aber okay. Das Geld habe ich nur für Süßigkeiten ausgegeben. Dann haben mir meine Eltern jedes Jahr immer ein paar Euro mehr pro Monat gegeben und heute, mit 15, bekomme ich 40 Euro. Meine Freundinnen bekommen mehr, aber für mich reicht das Geld. Ich brauche es nur für Kino, Zeitschriften oder Eis. Das ist okay und manchmal spare ich auch ein paar Euro.

D Ich denke, dass Kinder und Jugendliche genug Taschengeld bekommen müssen. Wenn man zu wenig Geld hat, dann denkt man, alles ist zu teuer. Man kann nicht entscheiden: Billig oder teuer? Kaufe ich oder spare ich lieber? Das finde ich aber sehr wichtig, weil man so die Preise und das Kaufen kennenlernt. In den meisten Familien müssen die Kinder nicht viel von ihrem Taschengeld bezahlen, nur Süßigkeiten, Zeitschriften oder Kino. Aber dafür muss das Geld reichen. Und wenn man mehr ausgeben will, dann kann man in den Ferien arbeiten oder die Großeltern fragen.

f **Lies die Ausdrücke und ordne zu.**

✦ Ich finde, dass … ✦ … hat geschrieben, dass … ✦ …sagt, dass … ✦ … finde ich wichtig, weil … ✦ … findet, dass … ✦ Für … ist … genug/zu wenig/okay. ✦ … ist richtig/falsch/(nicht)gut, weil … ✦

Aussagen wiedergeben	die eigene Meinung nennen
… findet es (nicht) gut, wenn … … hat die gleiche Meinung wie …	Ich denke / meine (nicht), dass … Wenn …, dann finde ich das …

DSD I **g** **Lies die folgenden Aussagen aus einem Internetforum zum Thema „Brauchen wir immer neue Kleidung?" Schreib dann einen Beitrag für eine Schülerzeitung. Du kannst Redemittel, Ideen und den Aufbau aus dem Text in Übung 9e verwenden.**

Jim: Ich liebe Shopping! Und ich liebe Mode. Ich kaufe oft etwas Neues, weil ich gut aussehen möchte.

Nora: Mode ist mir egal. Ich kaufe lieber weniger, aber wenn ich etwas kaufe, müssen die Sachen zu mir passen.

Robin: Ich brauche nicht viel, nur eine gute Jeans und coole Schuhe. Ab und zu kaufe ich auch neue T-Shirts. Und die tausche ich dann auch mit meinem Bruder.

Yana: Ich möchte nicht immer die gleichen Sachen anziehen. Das ist doch langweilig. Mode ändert sich und meine Kleidung ändert sich auch.

Bearbeite in deinem Beitrag die folgenden drei Punkte.

- Gib alle vier Aussagen aus dem Internetforum mit deinen Worten wieder.
- Kaufst du oft etwas Neues? Gehst du gerne shoppen? Berichte ausführlich.
- Wie ist deine Meinung zu dem Thema? Begründe deine Meinung.

Kontrolliere am Ende deinen Text: Stehen die Verben an der richtigen Position? Sind sie richtig konjugiert? Sind die Artikel korrekt?

10

Sag mal ... Aussagesatz als Frage – Schreibt drei Aussagesätze auf Zettel. Tauscht zu zweit und sprecht die Aussagen als Fragen.

Wir gehen heute ins Stadion.

Echt? Wir gehen heute ins Stadion? Toll!

11

Kim und das neue Handy. Ergänze die Sätze im Heft.

1. Kim wünscht sich ...
2. Aber ihre Mutter findet, dass ...
3. Kim sagt, dass ...
4. Aber ihr Vater ist ...
5. An Kims Geburtstag ist die Familie ...
6. Kim bekommt ... von ... und ...

12

Seit wann ... ? – Seit ... Schreib die Antworten. Sprecht die Minidialoge dann zu zweit.

1. ● Seit wann wohnst du in Freiburg? ○ Seit ________________ (drei Jahre) wohne ...
2. ● Seit wann hast du rote Haare? ○ Seit ________________ (zwei Monate) habe ...
3. ● Seit wann kennst du Paul? ○ ________________ (deine Party) kenne ...
4. ● Seit wann hast du dein Pferd? ○ ________________ (2. Mai 2018) habe ...

13

Lernen – üben – spielen. Spielt in Gruppen. Sammelt Adjektive und Nomen mit dem gleichen Anfangsbuchstaben. Sprecht dann in der Reihe.

Ich habe ein blaues Buch.

Du hast ein blaues Buch und ich habe eine gelbe Gitarre ...

erfekt

Was passt? Ergänze die richtigen Verben. Zwei Verben passen nicht.

✦ bezahlt ✦ verdient ✦ ausgegeben ✦ gearbeitet ✦ gesucht ✦ bekommen ✦

Es ist erst der zehnte Tag vom Monat, aber viele Jugendliche haben ihr Taschengeld schon ________________ (1). Manche Jugendliche haben in den Ferien ________________ (2) und Geld ________________ (3). Andere Jugendliche haben zum Geburtstag Geld von der Familie ________________ (4). Und wenn man spart, dann kann man auch ohne Taschengeld etwas kaufen.

Seite 77

das Band, Bänder

das Board, -s 

das **Gesicht**, -er

die **Kette**, -n

das Leder

das Kleidungsstück, -e

der Mode-Blog, -s

die **Mütze**, -n

das Outfit, -s

passen (*In den Rucksack passen alle wichtigen Dinge.*)

perfekt

der **Ring**, -e

der **Rucksack**, Rucksäcke

die Sonnenbrille, -n 

sowieso

der **Stiefel**, -

der **Strand**, Strände 

ziemlich

Seite 78

das **Angebot**, -e

an|probieren (*probiert an, hat anprobiert*)

bestellen (*bestellt, hat bestellt*) (*Ich bestelle Kleider im Internet.*)

günstig

der Hoodie, -s

der **Mantel**, Mäntel

die **Mode**

der Online-Shop, -s

rein|gehen (*geht rein, ist reingegangen*)

schade (*Der Pulli ist zu teuer. Schade!*)

schon (*Das ist schade. - Ja, schon.*)

das Shirt, -s 

der Sneaker, -

stehen (*steht, hat gestanden*) (*Der Pulli steht dir gut.*)

wenigstens

Seite 79

die **Bäckerei**, -en

der **Einkauf**, Einkäufe 

eng

führen (*einen Dialog führen*)

der **Laden**, Läden

die Höflichkeit, -en

das **Kaufhaus**, Kaufhäuser

die Umkleidekabine, -n

weit

Seite 80

arm

aus|tragen (*trägt aus, hat ausgetragen*) (*Ich trage Zeitungen aus.*)

der **Babysitter**, - 

die **Babysitterin**, -nen

bar (*Ich bekomme mein Taschengeld in bar.*)

sich **beschweren**

der Betrag, Beträge

der Cent, -s

doch (*Du hast doch Geld gespart.*)

etwa

der Experte, -n

die Expertin, -nen

der **Führerschein**, -e

genug

geschieden (*Meine Eltern sind geschieden.*)

der **Job**, -s

jobben

das **Konto**, Konten

meistens

der **Motorroller**, -

normal

notwendig

pro (*pro Woche*)

raten (*rät, hat geraten*)

regelmäßig

reichen (*Mein Taschengeld reicht.*)

der **Rest**, -e

sparen

über|weisen (*überweist, hat überwiesen*)

unfair

verdienen

zahlen

Seite 81

modern

der Ärger (*Ich habe Ärger mit meinen Eltern.*)

die Ausnahme, -n

das **Glück** (*Ich habe Glück mit meinem Lehrer, er ist sehr nett.*)

reparieren

Wieso?

Seite 82

der **Friseur**, -e

die **Friseurin**, -nen

genau

recht haben (*hat, hat gehabt*)

die **Reihe**, -n

überrascht sein

widersprechen (*widerspricht, hat widersprochen*)

Wofür?

aus|geben (*gibt aus, hat ausgegeben*)

bekommen (*bekommt, hat bekommen*)

fliegen (*fliegt, ist geflogen*)

Seite 83

das Modell, -e

der **Wunsch**, Wünsche

das Argument, -e

hinzu|fügen

Was kann ich?

1 Ich kann über Kleidung und Mode sprechen.

→ KB/ÜB A1, A2, A3

☺ 😐 ☹

Ich trage gern ______________________________.

______________________________ finde ich ______________________________.

Mein Lieblingsoutfit: ______________________________.

Mir gefallen ______________________________ nicht.

2 Ich kann Einkaufsdialoge führen.

→ KB/ÜB A4

☺ 😐 ☹

1. ● Kann ich dir helfen?
   ○ ______________________________
2. ● ______________________________
   ○ 29,90 Euro.
3. ● ______________________________
   ○ Das tut mir leid. In Größe S nicht mehr.
4. ● ______________________________
   ○ In Schwarz? Moment, da muss ich schauen.
5. ● ______________________________
   ○ Die Umkleidekabinen sind hier links.

3 Ich kann höfliche Bitten beim Einkauf oder im Restaurant äußern.

→ KB/ÜB A5

☺ 😐 ☹

Guten Tag, was hättest du gern?

Guten Tag. Ich …

Hallo, was möchtest du?

Ich …

4 Ich kann diskutieren, meine Meinung sagen, zustimmen oder widersprechen.

→ KB/ÜB A9

☺ 😐 ☹

Fünf Euro Taschengeld reichen!

Das …

Alle sollen vegetarisch essen.

…

So lerne und übe ich

5 Texte schreiben – Ich mache zuerst Notizen, dann ordne ich die Notizen, dann schreibe ich.

☐ manchmal ☐ oft ☐ nie

Reicht dein Taschengeld?

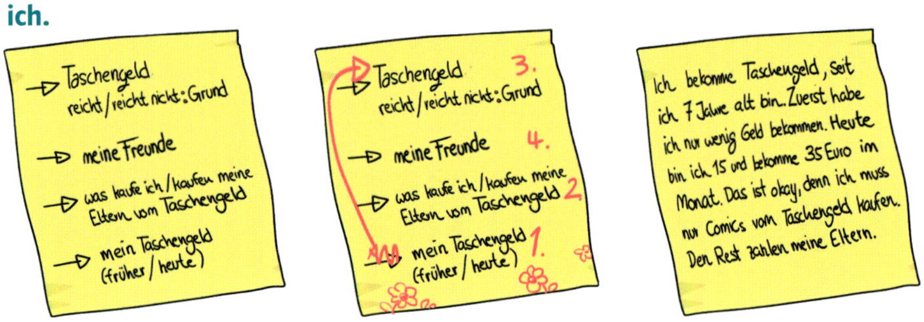

9 Hier und da

1 Wer wohnt auf dem Land, wer in der Stadt? Hör und verbinde.

2.06
online 1

Pascal

Lennard Stadt Land

Vanessa Merle

2 a Sieh die Bilder an. Wie heißen die Wörter? Ergänze die Buchstaben.

online 2

b Notiere die Nomen mit Artikel und Plural ins Heft.

1. die Ampel, die Ampeln

online 3

c Sieh die Bilder an. Wo ist Chico? Kreuze an.

1 

☐ In
☐ An
☐ Über
der Ampel.

2 

☐ Zwischen
☐ Vor
☐ An
der Polizei und dem Reisebüro.

3 

☐ Unter
☐ Hinter
☐ In
der Kirche.

4 

☐ Über
☐ Neben
☐ Auf
der Post.

5 

☐ Auf
☐ Vor
☐ Neben
dem Spielplatz.

d Kim sucht Marie – Ergänze.

Marie ist nicht …

1. in: _im_ Park, _in der_ Schule, ________ Kaufhaus.
2. an: ________ See, ________ Kreuzung und auch nicht ________ Haltestelle.
3. vor: ________ Jugendclub, ________ Rathaus, ________ Sprachenschule.
4. auf: ________ Spielplatz, ________ Flohmarkt und auch nicht ________ Brücke.
5. in: Marie ist ______________________!

e *stehen*, *liegen* oder *hängen*? Sieh das Bild an und ergänze das Verb in der richtigen Form.

1. Die Bücher ____________ vor dem Bett.
2. Die Tasche ____________ am Stuhl.
3. Der Tisch ____________ vor dem Fenster.

f Seht das Bild in 2e noch einmal an. Wo stehen, liegen oder hängen die Hosen, die Jacken, das Regal, der Rucksack? Sprecht zu zweit. Schreibt dann vier Sätze wie in 2e ins Heft.

3

a Lieblingsorte – Lies Mias Blog und ergänze.

✦ Besonders toll ✦ Am liebsten ✦ Im Schwimmbad ✦ Immer wenn ✦

Heute schreibe ich euch von meinem Lieblingsort. ______________ (1) bin ich im Schwimmbad. In unserer Stadt gibt es nur ein Schwimmbad. ______________ (2) finde ich, dass ich jeden Tag dorthin gehen kann. Ich habe beim Schwimmbadfest ein Ticket für das ganze Jahr gewonnen! ______________ (3) ich da bin, dann treffe ich Freunde aus der Schule. ______________ (4) kann man den Stress in der Schule vergessen und Spaß haben. Und was sind eure Lieblingsorte?

b Und dein Lieblingsort? Schreib einen Kommentar zu Mias Blog in 3a ins Heft.

Also mein Lieblingsort …

DSD I

c **Du hörst vier Szenen. Alle Szenen spielen auf der Straße. Zu jeder Szene gibt es drei Bilder. Welches Bild passt? Kreuze beim Hören zu jeder Szene das richtige Bild (A oder B oder C) an. Danach hörst du die Szenen noch einmal.**

2.07

Sieh die Bilder genau an. Überlege beim Hören, wo die Personen gerade sind. Das ist die richtige Antwort.

Szene 1

Sieh dir zuerst die Bilder an. Du hast dafür 6 Sekunden Zeit.

A ☐

B ☐

C ☐

Szene 2

Sieh dir zuerst die Bilder an. Du hast dafür 6 Sekunden Zeit.

A ☐

B ☐

C ☐

Szene 3

Sieh dir zuerst die Bilder an. Du hast dafür 6 Sekunden Zeit.

A ☐

B ☐

C ☐

Szene 4

Sieh dir zuerst die Bilder an. Du hast dafür 6 Sekunden Zeit.

A ☐

B ☐

C ☐

4

a **Sag mal ... Wortakzent bei Komposita – Hör und markiere den Wortakzent.**

2.08

1. die Schulband
2. der Bahnhof
3. das Einkaufszentrum
4. der Sportplatz
5. der Freizeitpark
6. der Blumenladen
7. die Sonnenbrille
8. das Taschengeld

2.09

b **Hör die Sätze und sprich nach. Achte auf den Wortakzent.**

1. Ich stehe auf dem Sportplatz.
2. Vor dem Bahnhof stehen viele Menschen.
3. Wir sind jetzt im Blumenladen.
4. Wir treffen uns am Einkaufszentrum.

5 a Wohin stellen, legen, hängen die Freunde die Sachen? Kreuze an.

1. Kim ☐ legt ☐ stellt die Bücher ins Regal.
2. Marie ☐ hängt ☐ legt ein Bild an die Wand.
3. Henri und Lukas ☐ stellen ☐ legen den Teppich auf den Boden.
4. Kim ☐ stellt ☐ legt Gläser auf den Tisch.

b Bei den Freunden zu Hause – Ergänze die Artikel.

1. neben: Kim stellt ihre Sporttasche ______________ Tür.
2. an: Lukas hängt seine Jacke immer ______________ Regal.
3. auf: Marie legt ihre Sonnenbrille immer ______________ Schreibtisch.
4. hinter: Henri stellt seine Gitarre ______________ Lampe.
5. unter: Lars legt sein E-Book immer ______________ Bett.

c Wo oder wohin? Lies die Sätze und kreuze an.

	Wo?	Wohin?
1. Der Lehrer legt das Lineal auf den Tisch.	☐	☐
2. Die Zeitschriften liegen auf dem Boden.	☐	☐
3. Das Foto steht auf dem Regal.	☐	☐
4. Die Schüler stehen auf dem Schulhof.	☐	☐
5. Kim hängt den Stundenplan über den Schreibtisch.	☐	☐

online 4

d Sieh das Bild vom Pausenraum an und lies Kims Nachricht. Ergänze die Präpositionen und Artikel. Akkusativ oder Dativ?

Hi Jenny,

unser Pausenraum ist jetzt ganz neu!

Wir haben das Sofa _unter_ _das_ (1) Fenster gestellt und einen neuen Teppich ________ ________ (2) Sofa gelegt. ________ ________ (3) Teppich steht jetzt ein kleiner Tisch. Die Pflanze haben wir ________ ________ (4) Kickertisch gestellt. ________ ________ (5) Wände haben wir Bilder aus dem Kunstunterricht gehängt. Ach ja, das neue Regal steht jetzt ________ ________ Sofa und ________ (6) Tür.

Alles sieht toll aus!

6 a Neu in der Bibliothek – Wie heißen die Wörter? Ergänze.

1. die A __ __ e l __ __ __ __ 2. das F __ __ m __ __ __ r 3. a u __ f __ __ l __ n

4. die U __ __ e r __ __ __ r i __ __ 5. a __ s __ __ i h __ n 6. der A __ __ w e __ __

b Ergänze die passenden Wörter. oder **Lies zuerst die Wörter im Kasten und ergänze.**

Man kann in der Bibliothek Bücher für 4 Wochen ____________ (1). Dazu muss man sich zuerst ____________ (2) und bekommt einen ____________ (3). Bei der ____________ (4) muss man ein Formular ____________ (5). Dieses bekommt man direkt in der Bibliothek, aber man findet das ____________ (6) auch online auf der Internetseite. Bei Kindern ist für die Anmeldung die ____________ (7) von den Eltern notwendig. Ab 14 Jahren darf man allein ____________ (8).

Ausweis	unterschreiben	Formular	anmelden	Unterschrift	ausleihen	Anmeldung	ausfüllen

c Fülle die Anmeldung für den Sportverein aus. Ergänze deine persönlichen Angaben.

Sportverein

Persönliche Angaben Mitglied

1 Familienname: ____________ 2 Vorname: ____________

3 Geburtsdatum: ____________ 4 Nationalität: ____________

5 Straße: ____________ 6 Hausnummer: ____________

7 Postleitzahl: ____________ 8 Wohnort: ____________

9 Telefon: ____________ 10 Mobiltelefon: ____________

11 E-Mail-Adresse: ____________

Ich interessiere mich für folgende Sportart(en) (Bitte ankreuzen!)

Karate ☐	Volleyball ☐	Fußball ☐	Gymnastik ☐
Laufen ☐	Basketball ☐	Handball ☐	Hockey ☐

Ich akzeptiere die Vereinsordnung und weiß, dass die Mitgliedschaft für ein Jahr gilt.

12 Ort, Datum: ____________

13 Unterschrift:

____

Vom Verein auszufüllen:

Mitgliedsnummer:

d **Lies die Internetseite. In welcher Reihenfolge stehen die Themen im Text? Nummeriere.**

1 Verein und Mitglieder	___ Anmeldung	___ Mannschaften
___ Trainingsplätze und -hallen	___ Sportkurse	___ Informationstag

Sportverein KenTTuki – Wir über uns

- Sport, Fitness und Spaß für ALLE, das ist unser Ziel. KenTTuki gibt es seit 1990. Hier sind Menschen zwischen 3 und 99 aktiv. Der Verein hat etwa 1200 Mitglieder. 63 Helfer organisieren Kurse, Wettbewerbe und Turniere oder arbeiten als Trainer.
- Bei uns kannst du von A wie Aerobic bis Z wie Zumba viele Sportarten lernen und trainieren. Mehr Informationen zum Kursangebot findest du hier.
- Besonders erfolgreich sind unsere Kinder- und Jugendfußballteams U12 und U16 und das Radteam der Männer.
- Seit zwei Monaten dürfen wir den neuen modernen Sportplatz in der Mauerstraße nutzen. Darüber freuen wir uns sehr und ab sofort findet das Fußballtraining von allen Mannschaften nur noch dort statt. Mehr Informationen zu allen Sportplätzen und Sporthallen findest du hier.
- Am 5. Mai ist unser nächster Tag der offenen Tür. Alle sind eingeladen! Du kannst uns und unsere Kurse kennenlernen und mitmachen. Essen und Getränke gibt es natürlich gratis.
- Du möchtest Mitglied in unserem Sportverein werden? Dann los, hier findest du das Anmeldeformular. Komm und mach mit! Wir freuen uns auf dich.

7 **a** **Orte in der Stadt – Verbinde und schreib die Sätze. Achte auf die Satzzeichen.**

1. Der Kindergarten braucht dringend mehr Platz.
2. Der Spielplatz in der Jägerstraße ist fertig.
3. Die neue Brücke ist wichtig.
4. Viele wünschen sich mehr Sportplätze.
5. Die Stadt muss das Haus modernisieren.

und / oder / aber / denn

Die Stadt hat Probleme mit dem Verkehr.
Die Stadt hat zu wenig Geld.
Er öffnet am 1. April.
Sie muss es verkaufen.
Er ist zu klein.

1. Der Kindergarten braucht dringend mehr Platz, denn er ...

b **Schreib die Sätze.**

1. Die Stadt muss das Schwimmbad reparieren (oder – sie – es – schließen – müssen).
   Die Stadt muss das Schwimmbad reparieren oder sie ...
2. Das kostet 750.000 €, (haben – die Stadt – aber – nicht so viel Geld).
   ______
3. Viele Familien kommen gern ins Freizeitzentrum, (hier – es – geben – oft Veranstaltungen – denn).
   ______
4. Die Stadt möchte mehr Angebote für Kinder und Jugendliche bieten (bauen – ein Jugendzentrum – und).
   ______

9

8 **a Nachmittags in deinem Ort – Hör die Umfrage. Was machen die Schüler? Verbinde.**

2.10

Mena Fabio Paulina David

1. … reitet am Wochenende.
2. … möchte gern mehr Kurse machen, hat aber nicht viel Zeit.
3. … hat viele Möglichkeiten, tanzt und geht zum Schach.
4. … hat einmal in der Woche Klavier in der Stadt.

b *deshalb* oder *trotzdem* – Was passt? Ergänze die Sätze.

1. Mena wohnt im Stadtzentrum, ________________ kann sie viele Angebote nutzen.
2. Im Ort gibt es keine Musikschule, ________________ fährt David zum Unterricht in die Stadt.
3. Es gibt keine Angebote in der Nähe, ________________ will Paulina unbedingt reiten.
4. Fabio hat immer viele Hausaufgaben, ________________ klettert er und möchte Parkour lernen.

online 5

c Verbinde die Sätze mit *deshalb* oder *trotzdem*.

1. David muss weit fahren. Er ist jede Woche in der Musikschule.
   David muss weit fahren, trotzdem …
2. Paulina liebt Pferde. Sie reitet jedes Wochenende.
   ____
3. Fabio hat wenig Freizeit. Er möchte nachmittags einen Sportkurs besuchen.
   ____
4. Mena spielt am Wochenende oft Schach im Verein. Sie kann ihre Freunde nicht treffen.
   ____

9 **Lernen – üben – spielen. Spielt zu dritt. Person A verlässt den Raum, B und C wählen einen Platz für das Bild. Dann fragt A wie im Beispiel (max. 6 Fragen). B und C antworten. Wer das Bild findet, bekommt einen Punkt. Dann ist B dran usw.**

Habt ihr das Bild auf den Tisch gelegt?

Nein.

Habt ihr das Bild ins Regal gestellt? …

Perfekt **Sortiere die Infinitive und Perfektformen von den Positionsverben und Richtungsverben. Bilde dann je einen Beispielsatz.**

Alle Positionsverben sind unregelmäßig, aber alle Richtungsverben regelmäßig.

✦ stehen, hat gestanden ✦
✦ liegen, hat gelegen ✦
✦ legen, hat gelegt ✦
✦ hängen, hat gehangen ✦
✦ stellen, hat gestellt ✦
✦ hängen, hat gehängt ✦

Positionsverben	Richtungsverben
hängen, hat gehangen Das Plakat hat in der Schule gehangen.	hängen, … Ich habe das Plakat …

Wichtige Wörter

Seite 85

baden
der Marktplatz, Marktplätze
die Möglichkeit, -en
die **Natur**
nebenan
der Schlittschuh, -e
der **Verkehr**
das **Land**
auf dem Land wohnen

Seite 86

die **Bibliothek**, -en
die **Brücke**, -n
der **Flohmarkt**, Flohmärkte

die **Haltestelle**, -n
der **Handwerker**, -
die **Handwerkerin**, -nen
der Jugendclub, -s
der **Kindergarten**, Kindergärten
die **Kirche**, -n
die **Kreuzung**, -en

die **Polizei**
die **Post**
das **Rathaus**, Rathäuser
das **Reisebüro**, -s
sitzen *(sitzt, hat gesessen)*
die Sprachenschule, -n
die **Straße**, -n
der **Supermarkt**, Supermärkte

die **Ampel**, -n

der Spielplatz, Spielplätze
stehen *(steht, hat gestanden)*
der **Ort**, -e *(Ich wohne in einem kleinen Ort.)*

die Wechselpräpositionen

in, **an**, **auf**, **hinter**, **neben**, **über**, **unter**, **vor**, **zwischen**

Seite 87

die Positionsverben

hängen *(hängt, hat gehangen)*
liegen *(liegt, hat gelegen)*
stehen *(steht, hat gestanden)*

Beachvolleyball
der **Platz**, Plätze
der **Kiosk**, -e
der Skater, -
der Trick, -s
das **Dorf**, Dörfer
die **Zeitschrift**, -en

Seite 88

die Richtungsverben
hängen *(hängt, hat gehängt)*
legen *(legt, hat gelegt)*
stellen *(stellt, hat gestellt)*

die **Pause**, -n
der Pausenraum, -räume
der Boden, Böden
die **Ecke**, -n

der Kicker(tisch), -(e)
der **Unterricht**
mit|helfen *(hilft mit, hat mitgeholfen)*
die Werkzeugkiste, -n

Seite 89

typisch
die **Anmeldung**, -en
unterschreiben *(unterschreibt, hat unterschrieben)*
das **Formular**, -e

aus|füllen *(füllt aus, hat ausgefüllt)*
der **Ausweis**, -e
das Referat, -e
akzeptieren
bestätigen
die Bibliotheksordnung, -en
die E-Mail-Adresse, -n
der **Familienname**, -n
geboren
das Geburtsdatum, - Geburtsdaten
das **Geburtsjahr**, -e
der **Geburtsort**, -e
die Haus**nummer**, -n
hiermit
die Nationalität, -en
die **Postleitzahl**, -en
die **Unterschrift**, -en
der **Vorname**, -n

Seite 90

argumentieren
die Bauarbeiten (Pl.)
sich befinden *(Die Bibliothek befindet sich im Haus gegenüber.)*
beide
der Bürgermeister, -
die Bürgermeisterin, -nen
die **Disco**, -s
dringend
eigentlich
entstehen *(entsteht, ist entstanden)*
das **Frühjahr**, -e
gegenüber
leer
leer stehen *(steht leer, hat leer gestanden) (Das Haus steht schon lange leer.)*
der Leiter, -
die Leiterin, -nen
der **Plan**, Pläne
der **Platz** *(Die Schule hat zu wenig Platz.)*
verkaufen *(verkauft, hat verkauft)*
sich orientieren *(an + Dat.)*

Seite 91

entfernt *(entfernter, am entferntesten)*
das Forum, Foren
mitten *(in + Dat.) (Ich wohne mitten im Zentrum.)*
nirgends
der Reiterhof, Reiterhöfe
die Stimmung, -en
trotzdem
voll *(Das ist echt voll schade.)*
zeichnen
faul
weit *(weiter, am weitesten)*
um **Mitternacht**
der Schulweg, -e
beraten *(berät, hat beraten)*
ein|richten
die Zeichnung, -en

Was kann ich?

1 Ich kann Orte in der Stadt oder im Dorf benennen und beschreiben, wo sie sind.

☺ 😐 ☹

→ KB/ÜB A2

Das ist …

Der/Die/Das … ist neben …

Der … ist zwischen …

2 Ich kann über Lieblingsorte sprechen.

☺ 😐 ☹

→ KB/ÜB A3

1. ___ Tina ist am liebsten im Kino.
2. ___ Alex liebt das Einkaufszentrum.
3. ___ Mara geht gern ins Schwimmbad.
4. ___ Leon ist am liebsten im Park.

A Immer, wenn er dort ist, spielt er mit seinen Freunden Fußball oder skatet.
B Hier kann man mit Freunden Filme sehen und Popcorn essen.
C Am besten findet er das neue Eiscafé und den großen Schuhladen.
D Dort kann man im Sommer draußen und im Winter drinnen Spaß im Wasser haben.

3 Ich kann beschreiben, wo etwas ist und wohin etwas kommt.

Das Buch steht …

☺ 😐 ☹

→ KB/ÜB A5

✦ die Jacke ✦ das Buch ✦ der Laptop ✦ das T-Shirt ✦ die Pflanze ✦

4 Ich kann Sätze verbinden.

☺ 😐 ☹

→ KB/ÜB A7, A8

Mein Lieblingsort ist der Park, ________________ (1) dort kann ich skaten ________________ (2) meine Freunde treffen. Heute regnet es, ________________ (3) fahre ich mit meinem Skateboard zur Schule.

So lerne und übe ich

5 Ich erstelle eigene Übungen zu neuen und schwierigen Themen.

☐ manchmal ☐ oft ☐ nie

Mein Zimmer sieht jetzt super aus. Ich habe alle Möbel an einen anderen Platz gestellt. Mein Bett habe ich neben ____________ (1) Schrank gestellt. Der Teppich liegt jetzt auf ____________ (2) Boden unter ____________ (3) Fenster. Auf ____________ (4) Teppich steht jetzt mein kleiner Tisch …

Lösche in einem Text etwas. Warte einen Tag und ergänze dann wieder.

Testtraining 3

Schreiben Teil 1

1 a Lies die Prüfungsaufgabe und die beiden Antworten. Welche passt besser? Warum? Sprecht in der Klasse.

Du bist mit deinem Freund Leo verabredet und schreibst ihm eine SMS.

- Entschuldige dich, dass du nicht kommen kannst.
- Schreib, warum.
- Mach einen Vorschlag für eine neue Verabredung.

Schreib 20–30 Wörter.
Schreib zu allen drei Punkten.

Antwort A

Hallo, ich kann mich heute nicht mit dir treffen, weil ich einen Termin beim Zahnarzt habe. Tut mir leid! Hast du morgen Zeit? Wir können in den Park gehen.
Mona

Antwort B

Hey, keine Zeit heute. Vielleicht morgen? Kino oder Park?
Viele Grüße
Mona

b Welche Redemittel passen zu welchem Punkt? Ordne zu.

✦ A sich entschuldigen ✦ B Gründe nennen ✦ C einen Vorschlag machen ✦

____________ | Ich kann nicht kommen, weil …
Ich habe keine Zeit, denn …

____________ | Es tut mir leid, aber …
Tut mir leid!
Entschuldige bitte.
Entschuldigung, aber …
Ich kann leider …

____________ | Wir können …
Vielleicht …
Ich habe eine Idee / einen Vorschlag: …

c Jetzt wie in der Prüfung:

Deine Freundin Lena möchte morgen mit dir Eis essen gehen. Schreib ihr eine SMS.

- Entschuldige dich, dass es morgen nicht geht.
- Schreib, warum.
- Mach einen Vorschlag für eine neue Verabredung.

Schreib 20–30 Wörter.
Schreib zu allen drei Punkten.

Hören Teil 3

2 2.11 **a** **Welche Wörter hörst du in dem Gespräch? Hör und kreuze an.**

☐ wandern ☐ zu einem Konzert gehen ☐ Oma besuchen

2.11 **b** **Hör noch einmal und kreuze die richtige Antwort an.**

Was hat das Mädchen am Wochenende gemacht?

A

B

C

c **Lies das Gespräch und markiere: Wo steht die Antwort auf die Frage in 2b? War deine Antwort richtig?**

● Und was hast du am Wochenende gemacht?
○ Also, meine Eltern wollten, dass wir mit unserer Oma wandern gehen. Aber Valentin, das ist mein Bruder, und ich hatten keine Lust.
● Und was habt ihr dann gemacht?
○ Na ja, wir haben dann einfach meine Oma besucht und ganz viel Kuchen gegessen. Das war auch schön. Und Valentin ist dann noch zu einem Konzert gegangen, aber ich hatte keine Lust.

Du hörst in den Dialogen Wörter zu allen Bildern.

2.12 **d** **Jetzt wie in der Prüfung:**

Du hörst fünf kurze Gespräche. Du hörst jeden Text einmal. Wähle für die Aufgaben 1 bis 5 die richtige Lösung [a], [b] oder [c].

1 Was kauft der Junge?

[a]

[b]

[c]

2 Wohin gehen die Freunde?

[a]

[b]

[c]

3 Wann fährt die Familie in die Berge?

a

b

c

4 Was ist Davids Hobby?

a

b

c

5 Was hat das Mädchen in der Pause gegessen?

a

b

c

Lesen Teil 3

3 a Lies den Text und die Aufgabe. Welche Antwort ist richtig? Markiere im Text die passende Textstelle und kreuze dann die Antwort an.

> ✉
>
> Lieber Felix,
> wie geht es dir? Wie war euer Urlaub? Seid ihr wieder nach Österreich gefahren? Wir konnten dieses Jahr nicht kommen, denn wir sind ja umgezogen. Ich habe jetzt ein richtig schönes Zimmer! Du musst mich unbedingt bald besuchen, dann kannst du es sehen. Und Platz gibt es für Gäste auch genug, du kannst also auch hier übernachten. Vielleicht am Ende von den Ferien? Schreib mir bald.
> Viele Grüße
> Jonas

Was möchte Jonas machen?

- a Er möchte Felix besuchen.
- b Er möchte Felix sein Zimmer zeigen.
- c Er möchte mit Felix in den Urlaub fahren.

Strategie

Auch Wörter aus den falschen Antworten können im Text stehen. Lies ganz genau und kontrolliere: Welche Antwort ist identisch mit dem Text?

b Jetzt wie in der Prüfung:

Du liest eine E-Mail. Wähle für die Aufgaben 1 bis 5 die richtige Lösung [a], [b] oder [c].

Hallo Nina,
wie geht's? Ich habe schon lange nichts mehr von dir gehört und hoffe, dass in München alles gut ist. Weißt du eigentlich, dass wir nicht mehr in Hamburg wohnen? Ich lebe jetzt mit meinen Eltern und Geschwistern seit drei Monaten in einem kleinen Dorf. Am Anfang war es schwer, weil das Leben hier ganz anders ist. Meine neue Schule ist in einem alten Haus und es gibt viel mehr Schüler als in meiner Hamburger Schule. Aber man kann hier am Nachmittag total viel in der Schule machen, zum Beispiel Basketball oder Tennis spielen. Das kenne ich so gar nicht, aber ich finde das richtig super. In Hamburg bin ich ja immer zu Fuß zur Schule gegangen. Das geht jetzt nicht mehr, aber ich kann mit dem Rad fahren. Das dauert ungefähr 30 Minuten. Viele Schüler müssen eine Stunde mit dem Bus zur Schule fahren, weil ihr Dorf so weit weg ist. Zum Glück wohnen aber meine neuen Freunde hier in der Nähe und wir treffen uns oft am Nachmittag. Es gibt hier natürlich kein Kino und zum nächsten Schwimmbad fährt man auch ziemlich lang, aber wir haben immer eine Idee, was wir machen können. Die Leute hier sind echt nett. Du musst meine neuen Freunde unbedingt kennenlernen und auch mein neues Zimmer sehen! Bald sind ja Ferien. Hast du Zeit? Dann komm doch! Wir haben uns das letzte Mal vor einem Jahr in Hamburg gesehen und das ist wirklich zu lange her. Frag mal deine Eltern und sag mir Bescheid!
Liebe Grüße, Elisa

1 Wo lebt Elisa?

[a] Sie ist mit ihrer Familie aufs Land umgezogen.

[b] Sie lebt seit drei Monaten in Hamburg.

[c] Sie wohnt jetzt in München.

2 Was gefällt Elisa in der Schule?

[a] Das Schulhaus ist moderner als ihre alte Schule.

[b] Das Sportangebot ist größer als in ihrer alten Schule.

[c] Die Schule ist kleiner als ihre alte Schule.

3 Wie kommt Elisa zur Schule?

[a] Sie geht zu Fuß.

[b] Sie nimmt das Fahrrad.

[c] Sie nimmt den Bus.

4 Was macht Elisa in ihrer Freizeit?

[a] Freunde treffen.

[b] Ins Kino gehen.

[c] Ins Schwimmbad gehen.

5 Was möchte Elisa in den nächsten Ferien machen?

[a] Sie möchte nach Hamburg fahren.

[b] Sie möchte Nina besuchen.

[c] Sie möchte Nina ihr neues Leben zeigen.

Schule Schule 10

1 a In der Schule – Was ist was? Ergänze die Wörter.

1. der ______________________
2. der ______________________
3. die ______________________
4. die ______________________
5. der ______________________
6. der ______________________
7. das ______________________
8. der ______________________
9. der ______________________
10. das ______________________
11. der ______________________
12. die ______________________

b Sprecht zu zweit und beschreibt das Bild. Was seht ihr? Stellt auch Vermutungen an.

online 1

✦ aufpassen ✦ sich vorbereiten ✦ langweilig ✦ fleißig ✦ lernen ✦ pünktlich ✦ Freunde ✦ ✦ das Experiment ✦ Spaß ✦ üben ✦ interessant ✦ Hausaufgabe ✦ streng ✦ … ✦

Ich glaube, dass die Lehrerin nicht so streng ist.

2 a In der Schule – Hör die Umfrage. Zu wem passt welche Aussage? Verbinde.

2.13

1. Ich gehe gern zur Schule, weil ich da meine Freunde sehe.	Paula
2. Meine Noten sind nicht so gut, deshalb muss ich oft lernen.	Jannik
3. Ich finde die meisten Lehrer zu streng.	Mia
4. Der Unterricht bei unserem Klassenlehrer ist immer interessant.	Sinan
5. Klassenfahrten machen immer Spaß.	Clara

b Sortiere die Wörter.

✦ fair ✦ stressig ✦ nervig ✦ interessant ✦ unfair ✦ toll ✦ sauer ✦ lustig ✦ anstrengend ✦ spannend ✦

☺	☹

c Und du? Ergänze die Sätze.

1. Ich finde es stressig, dass ______________________________
2. In der Schule ist es nervig, wenn ______________________________
3. Es ist immer lustig, ______________________________

3 a Was passt zusammen? Ordne zu.

1. ____ Die 8b fährt nach Berlin. Jannik freut sich
2. ____ Sinan ärgert sich
3. ____ Clara trifft sich jeden Tag
4. ____ Mia redet oft
5. ____ Paula interessiert sich besonders

A mit ihren Freunden.
B mit ihren Eltern über die Schule.
C für Geschichte und Deutsch.
D auf die Klassenfahrt.
E über die vielen Hausaufgaben.

b Welche Präposition ist richtig? Kreuze an.

1. ● Was ist los?
   ○ Ach, nichts. Ich habe mich nur ☐ mit ☐ für meinem Bruder gestritten.
2. ● Kommst du heute auch zu Paula?
   ○ Keine Zeit. Ich muss mich ☐ über ☐ auf den Test vorbereiten.
3. ● Gehen wir heute ins Kino?
   ○ Ich kann nicht. Ich habe mich schon ☐ für ☐ mit Ole verabredet.
4. ● Hast du schon ☐ mit ☐ für Jannik gesprochen?
   ○ Nein, noch nicht.
5. ● Interessierst du dich ☐ über ☐ für Geschichte?
   ○ Ja, klar. Du nicht?
6. ● Warum redest du nicht ☐ über ☐ mit mir?
   ○ Ich habe dich nicht gesehen, sorry!

online 2 **c** **Ergänze die Präpositionen.**

Hast du dich schon ________ (1) den Englisch-Test vorbereitet?

Nein, noch nicht. Aber ich treffe mich jetzt ________ (2) Darek. Wir lernen zusammen. Und du?

Ich habe mich ________ (3) Pia verabredet. Wir wollen auch zusammen lernen ☺.

Das ist total viel! Ich freue mich schon so ________ (4) die Ferien!

Ich mich auch! Ich habe gerade ________ (5) meinen Eltern ________ (6) die Ferien gesprochen. Aber wir wissen noch nicht, was wir machen. Sag mal, hast du die Mathe-Hausaufgaben schon gemacht?

Ja! Ich ärgere mich wirklich ________ (7) Frau Lorenz. Die Hausaufgaben sind viel zu schwer. Aber das Problem ist auch, dass ich mich nicht so richtig ________ (8) Mathe interessiere …

Echt? Ich finde Mathe gut! Naja, wir sehen uns später! Bis dann!

4 a Wie geht es dir? Gut oder schlecht? Kreuze an.

1. Ich bin so happy. ☺ ☹
2. Das ist super. ☺ ☹
3. Das nervt mich. ☺ ☹
4. Ich bin nicht so gut drauf. ☺ ☹
5. Das stresst mich echt! ☺ ☹
6. Das gefällt mir! ☺ ☹
7. Ich bin heute super drauf. ☺ ☹
8. Ich habe heute richtig schlechte Laune. ☺ ☹

2.14 **b** **Hör die Dialoge und ordne sie.** oder **Bring die Dialoge in die richtige Reihenfolge und hör zur Kontrolle.**

Dialog 1

- ☐ ● Und warum?
- ☐ ○ Ich bin total schlecht drauf.
- ☐ ○ Weil ich schon wieder eine schlechte Note in Bio bekommen habe.
- 1 ● Hey, was ist los?

Dialog 2

- ☐ ● Schön, und warum?
- ☐ ○ Mein Referat ist echt gut gewesen und ich gehe jetzt mit Marie Eis essen.
- ☐ ● Du hast heute gute Laune, oder?
- ☐ ○ Ja, ich bin total happy.

online 3 **c** **Und du? Ergänze die Sätze.**

1. Ich habe gute Laune, wenn ____
2. Wenn ____, bin ich schlecht drauf.

DSD I **d** **Lies den Text und die Aufgaben 1–4. Kreuze bei jeder Aufgabe die richtige Lösung an.**

Lies den Text zuerst ein mal ganz. Lies dann di Aufgaben und markier die passenden Stellen im Text. Lies ganz gen bevor du dich für eine Antwort entscheidest.

Ein gutes Projekt

Schulstress kennen viele Schüler. Die Gründe sind verschieden, aber ganz oft haben die Schüler das Gefühl, dass sie einfach nicht alles schaffen. Das Lernen für jedes Fach und die vielen Tests und Prüfungen – das ist einfach viel. Und natürlich möchte jeder gute Noten haben und macht sich so selbst Stress. Viele Schüler können nicht richtig entspannen, auch wenn sie alle Hausaufgaben gemacht haben und eigentlich Freizeit haben.

Ein anderer Grund für Stress sind oft Probleme mit anderen Schülern. Lea Bauz ist 15 Jahre alt und besucht die 10. Klasse im Ludwig-Gymnasium Frankfurt. „Ich bin vor zwei Jahren an diese Schule gekommen. Vorher habe ich in Köln gewohnt. Der Anfang hier war sehr schwer für mich. Mit dem Unterricht und den Fächern hatte ich keine Probleme. Meine Noten haben sich nicht verändert. Aber ich habe niemanden in der Schule und in der Stadt gekannt. Wenn ich Kontakt zu anderen Schülern gesucht habe, hatte ich das Gefühl, dass sich niemand für mich interessiert. Am Nachmittag war ich immer allein", erzählt Lea. Nach ein paar Monaten hat Lea endlich neue Freunde gefunden, aber sie musste noch oft an diese schwierige Zeit denken. „Ich habe nicht gewusst, was ich machen soll. Meine Eltern konnten mir in dieser Situation nicht helfen und die Lehrer natürlich auch nicht." Lea hatte dann eine tolle Idee: Jugendliche sprechen lieber mit Jugendlichen, sie verstehen sich einfach besser. Sie hat mit anderen Schülern zusammen eine Beratungsgruppe gebildet. An zwei Terminen in der Woche können Schüler mit Problemen kommen und mit anderen Schülern sprechen. Gemeinsam sucht man dann nach einer Lösung. „Viele Schüler machen bei diesem Projekt mit. Manchmal kann man helfen, manchmal braucht man selbst Hilfe. Und man hat immer jemanden zum Reden."

1. Viele Schüler haben Probleme, weil
   - A ☐ der Leistungsstress hoch ist.
   - B ☐ die Lehrer viele Hausaufgaben geben.
   - C ☐ sie zu wenig Freizeit haben.
2. Lea war traurig, weil
   - A ☐ ihre Noten schlecht waren.
   - B ☐ sie keine Freunde in der Schule hatte.
   - C ☐ sie nie Zeit hatte.
3. Lea
   - A ☐ hat ihre Probleme schnell vergessen.
   - B ☐ hat von ihren Eltern Hilfe bekommen.
   - C ☐ ist in einer Beratungsgruppe für Schüler aktiv.
4. Welche Überschrift passt am besten?
   - A ☐ Neue Freunde finden
   - B ☐ Schlechte Noten – kein Problem!
   - C ☐ Schüler helfen Schülern

5

Online lernen – Markiere acht Wörter im Rätsel. Notiere die Nomen mit Artikel.

H	M	O	N	I	T	O	R	Ö	R	Z	B	X	I
A	O	N	L	I	N	E	L	A	P	T	O	P	U
N	D	F	H	Q	L	M	X	X	S	N	I	V	G
D	I	Q	O	X	Ä	Z	L	W	T	Q	N	M	Ö
Y	G	N	M	X	L	C	O	M	P	U	T	E	R
V	I	D	E	O	K	O	N	F	E	R	E	N	Z
Z	T	Q	P	Y	S	J	E	Q	C	T	R	F	X
H	A	L	A	O	A	B	L	T	B	W	N	E	P
T	L	B	G	Ä	G	Ö	E	M	D	M	E	A	O
P	Z	I	E	D	A	Ä	N	K	J	A	T	R	M

die Homepage
___
___
___
___
___
___
___

6 a Präteritum – Markiere die Verben im Präteritum in der Wortschlange.

durftenndkfandenadbjdfreutendbgabcbl
gingendlgjglaubtenfkhattenkffkam
jfbiakonntenflerntenfmachtenefmusste

b Ergänze den Text mit den Verben aus 6a.

Schule im Schnee

Nach den Winterferien __konnten__ (1) die Kinder von Familie Klein, Nina und Johann, nicht in ihre Schule gehen. Der Grund: Sie haben Ferien in den Bergen gemacht und es hat jeden Tag geschneit. Autos, Busse und Züge ________ (2) nicht fahren, weil es viel zu viel Schnee ________ (3). Und so ________ (4) Familie Klein eine Woche länger bleiben. Die Kinder ________ (5) sich. Sie ________ (6), dass sie deshalb länger Ferien haben. Aber nein … Die Schulen in den Dörfern unterrichten auch online. Mit ihren Handys ________ (7) Nina und Johann in eine digitale Klasse. Sie ________ (8) Englisch, Mathe und andere Fächer in Videokonferenzen. Und auch die Hausaufgaben ________ (9) sie online. Die Schule ________ (10) also bis in das kleine Dorf. Zuerst ________ (11) die Geschwister das blöd, aber nach ein paar Tagen ________ (12) sie auch Spaß in der Schule.

c *nehmen – mitnehmen* – Ergänze zuerst die Verben in Spalte 1 im Präteritum. Überleg dann: Wie heißen die Verben in Spalte 2 im Präteritum? Das Beispiel hilft.

1.			2.		
A	nehmen	er/es/sie __nahm__	A	mitnehmen	er/es/sie __nahm mit__
B	kaufen	er/es/sie __kaufte__	B	einkaufen	er/es/sie ________
C	sehen	er/es/sie ________	C	fernsehen	er/es/sie ________
D	gehen	er/es/sie ________	D	mitgehen	er/es/sie ________
E	kommen	er/es/sie ________	E	mitkommen	er/es/sie ________
F	machen	er/es/sie ________	F	ausmachen	er/es/sie ________

d Schreib fünf Sätze mit Verben aus Spalte 2 in 6c im Präsens. Lies vor, dein Partner/deine Partnerin sagt den Satz im Präteritum. Dann wechselt ihr.

Ich kaufe heute ein.

Ich kaufte heute ein.

e Lies den Forumsbeitrag. Ergänze die Verben im Präteritum.

Nora, 15: Nach den Ferien ________ (1, kommen) wir in die Schule und unser Lehrer ________ (2, sagen), dass wir mit dem Projekt „Online Lernen" anfangen. Jeden Tag ________ (3, gehen) unsere Klasse ins Internet. Wir ________ (4, lernen) in Gruppen und es ________ (5, geben) für jede Gruppe Handys und Tablets. Alle ________ (6, nehmen) sich viel Zeit für die Aufgaben im Netz. Ich ________ (7, ansehen) viele Homepages ______ und mein Freund und ich ________ (8, machen) alle Aufgaben zusammen. Das ________ (9, finden) wir super. Leider ist das Projekt zu Ende. Und wie lernt ihr?

f **Wie geht die Reihe weiter? Hör und ergänze.** oder **Ergänze und hör zur Kontrolle.**

2.15 online 4

1. treffen:	er trifft	er traf	er hat ________
2. liegen:	sie liegt	sie lag	sie hat ________
3. nehmen:	er nimmt	er ________	er hat ________
4. schlafen:	sie schläft	sie ________	sie ________ ________
5. gehen:	er geht	er ________	er ________ ________
6. geben:	es ________	es ________	es ________ ________
7. finden:	er ________	er ________	er ________ ________
8. kommen:	sie ________	sie ________	sie ________ ________

2.16

g **Hör die Beispiele und sprich die Reihen wie im Beispiel.**

7

a **Hmmm … lecker!? – Sieh die Geschichte von Marie und ihrem Vater an und ordne passende Ausdrücke zu. Manche Ausdrücke passen mehrfach.**

✦ am Tisch sitzen ✦ kochen ✦ neues Rezept ✦ in die Pflanze schütten ✦ in der Küche ✦ zu viel Salz ✦ sterben ✦ Suppe ✦ ins Restaurant gehen ✦ laut schimpfen ✦ Hunger haben ✦ nicht schmecken ✦ nicht wahr sein ✦ sauer ✦ schlecht aussehen ✦ Pizza essen

b **Eine Geschichte nacherzählen – Schreib deine Geschichte auf. Was passiert *zuerst*, *dann*, *danach*, *zuletzt*? Schreib 1–3 Sätze pro Bild. Die Satzanfänge helfen.**

online 5

1 Am Anfang kocht der Vater …
Marie …
Sie wollen zusammen …

2 Aber dann sagt …
Deshalb ist der Vater …
Aber Marie will nicht …

Am Anfang kocht der Vater eine Suppe. Marie sitzt …

3 Deshalb schüttet sie …
Ihr Vater …

4 Plötzlich sehen beide, dass …
Marie und ihr Vater sagen …

5 Am Ende / zuletzt …
Und Vater und Tochter …

c **Lest eure Geschichten in Gruppen vor. Was ist gleich? Wo sind Unterschiede?**

10

8

Lies den Text. In jeder Zeile ist ein Fehler. Alles richtig geschrieben? Sind die Endungen korrekt? Stimmt die Position von den Verben? Markiere den Fehler und korrigiere ihn.

Halo Marc,	1. Hallo
ich bin mit meine Klasse in Österreich, in Graz. Graz ist	2. ______
eine tolle Stadt. Dort es gibt viele Museen, Parks und	3. ______
Platze mit schönen Cafés.	4. ______
Wir haben viele Ausflüge gemachen.	5. ______
Heute dürfen wir feiern eine Party.	6. ______
Und was machst du? Machet ihr auch eine Klassenfahrt?	7. ______
Schreibst mir, bitte.	8. ______
Lieber Grüße,	9. ______
Tino	

9

Sag mal … *m* oder *n*? – Schreib zwei Sätze mit Wörtern mit den Lauten *m* und *n*. Die Wörter aus Aufgabe 9c im Kursbuch helfen. Sprich die Sätze laut.

Am Montag bin ich immer müde.

10

Lernen – üben – spielen. Übt zu zweit das Präteritum. Wählt ein Verb aus. A beginnt mit „ich", B macht weiter mit „du", usw. Fertig? Wählt ein neues Verb. B beginnt mit „ich".

✦ gehen ✦ treffen ✦ sein ✦ sehen ✦
✦ kommen ✦ haben ✦ finden ✦
✦ geben ✦ können ✦ schlafen ✦
✦ nehmen ✦ müssen ✦ legen ✦

Ich ging ins Kino.

Du gingst ins Kino.

Er ging ins Kino.

Wir gingen …

erfekt

Partnerdiktat: Lest abwechselnd die Sätze vor und ergänzt. A beginnt. Kontrolliert am Ende eure Lösung.

A

Endlich Ferien!

Die Schülerinnen und Schüler haben schon seit Wochen auf diesen Tag gewartet (1). Aber bis zu den Ferien ______ sie sich auf Prüfungen ______ (2). Außerdem ______ sie viele Texte ______ (3). Am Ende hat es Zeugnisse gegeben (4). Manche ______ sich über ihre Noten ______ (5). Andere Schüler haben ihre Lehrer zu streng gefunden (6). Aber jetzt sind alle froh! Sechs Wochen ohne Schule!

B

Endlich Ferien!

Die Schülerinnen und Schüler ______ schon seit Wochen auf diesen Tag ______ (1). Aber bis zu den Ferien haben sie sich auf Prüfungen vorbereitet (2). Außerdem haben sie viele Texte geschrieben (3). Am Ende ______ es Zeugnisse ______ (4). Manche haben sich über ihre Noten gefreut (5). Andere Schüler ______ ihre Lehrer zu streng ______ (6). Aber jetzt sind alle froh! Sechs Wochen ohne Schule!

Wichtige Wörter

Seite 99

das **Abitur**

der Aufsatz, Aufsätze

das Diktat, -e

das Experiment, -e

der **Fehler**, -

fleißig

faul

die Fremdsprache, -n

der Hausmeister, -

die Hausmeisterin, -nen

der Kugelschreiber, -

die Leistung, -en

pünktlich

rechnen

der Schreibblock, Schreibblöcke

streng

der **Stundenplan**, Stundenpläne

der Taschenrechner, -

Seite 100

gestresst sein *(ist, ist gewesen)*

stressen *(Die Schule stresst mich total.)*

stressig

stören

der **Feiertag**, -e

sich **freuen** *(auf + Akk.)*

hoffentlich

Latein

die **Mannschaft**, -en

der Mitschüler, -

die Mitschülerin, -nen

schimpfen

das Schuljahr, -e

voll *(Unser Stundenplan ist total voll.)*

wahrscheinlich

weg|nehmen *(nimmt weg, hat weggenommen)*

wiederholen

die Nachhilfe

Nachhilfe nehmen *(nimmt, hat genommen)*

Seite 101

Na?

Alles klar?

gut/schlecht drauf sein *(Ich bin echt schlecht drauf.)*

happy *(Ich bin total happy.)*

Seite 102

digital

der Vorteil, -e

der **Apparat**, -e

erfahren *(erfährt, hat erfahren)*

das Festland

die **Insel**, -n

das Internat, -e

sich **kümmern** *(um + Akk.)*

langsam

lehren

das **Medikament**, -e

Medikamente nehmen *(nimmt, hat genommen)*

der Monitor, -e

müde

das Online-Lernen

der Patient, -en

die Patientin, -nen

der **PC**, -s

der **Schmerz**, -en

der Schultag, -e

schwach *(schwächer, am schwächsten)*

schwer

um|ziehen *(zieht um, ist umgezogen)*

untersuchen

die Videokonferenz, -en

wieder|sehen *(sieht wieder, hat wiedergesehen)*

die **Homepage**, -s

die **Hilfe**, -n *(eine große Hilfe sein)*

Seite 103

der Roman, -e

die Philosophie

plus

statt *(Ich möchte Tee statt Wasser.)*

Seite 104

nach|erzählen

träumen *(von + Dat.)*

zu|hören

am Anfang

am Ende

Seite 105

der Aspekt, -e

kontrollieren

die Position, -en

der Schritt, -e

nun

der Nebel

der **Blog**, -s

Was kann ich?

1

Ich kann über ein Schulproblem schreiben. ☺ 😐 ☹

→ KB/ÜB A2

Ich glaube, dass viele Schüler in der Schule P________________ (1) haben. Sie haben S________________ (2), weil sie keine guten N________________ (3) haben. Sie müssen viel für die T________________ (4) und die P________________ (5) lernen. Manche haben nachmittags keine Z________________ (6) mehr für ihre Freunde oder für ein H________________ (7) wie Sport oder Musik. Das finde ich nicht gut.

2

Ich kann über Stress in der Schule sprechen. ☺ 😐 ☹

→ KB/ÜB A2, A3

✦ sich ärgern über ✦ mehr Aufgaben machen ✦ mehr lernen ✦ sich vorbereiten auf ✦
✦ sich nicht interessieren für ✦ sich streiten mit ✦ mit dem Lehrer sprechen über ✦

Im Moment hat mein Freund Stress. Seine Eltern ärgern sich über seine schlechten Noten…

3

Ich kann über meine Stimmung sprechen. ☺ 😐 ☹

→ KB/ÜB A4

1. ● Hey, was ist los?
   ○ Mein Bruder nervt mich. Ich ________________________________ ☹
2. ● Hallo, wie geht´s dir?
   ○ ________________________________. Der Test in Englisch war leicht. ☺

4

Ich kann über Vergangenes schreiben. ☺ 😐 ☹

→ KB/ÜB A6

✦ war ✦ gab ✦ fand ✦ hatte ✦ suchten ✦

Im Januar ______________ (1) es in meiner Schule eine Projektwoche. Das Thema ______________ (2) „Schule ohne Stress". Es gibt viele Probleme und alle Klassen ______________ (3) Lösungen. Ich ______________ (4) meine Klasse sehr gut. Sie ______________ (5) die besten Ideen.

So lerne und übe ich

5

Ich achte auf typische Fehler und korrigiere sie. ☐ manchmal ☐ oft ☐ nie

1. Mein Freund oft gute Laune hat.
2. Er muss nicht viel lernen. Trotzdem er bekommt gute Noten.
3. Er hat es gut, weil er hat mehr Freizeit als ich.
4. Aber in Mathe bin ich besser. Für Mathetests ich muss weniger lernen.

Besuch in München 11

1 a Sieh Valeries Fotos an. Ordne die Bildunterschriften zu.

Valerie
München | Deutschland

96 Beiträge | 420 Abonnenten

1. Am Flughafen – gleich geht es los, ich bin total nervös!!!
2. Meine Gastfamilie – die Brandts
3. Zum ersten Mal ohne Eltern mit dem Flugzeug fliegen, cool! Und der Blick ist wirklich toll!!!

A

B

C

D

E

F

4. Mein Schüleraustausch in München – eine tolle Zeit mit coolen Leuten
5. Das Schild – oje ☺
6. Mein Gepäck – das ist echt schwer!

online 1

b Valeries Ankunft in München – Lies und ergänze die Wörter.

✦ Schüleraustausch ✦ Schild ✦ Flughafen ✦ Gepäck ✦ falsch ✦ nervös ✦ findet ✦ fliegt ✦ Flugzeug ✦ ✦ sucht ✦ Gastfamilie ✦

Valerie macht einen ____________ (1). Sie ____________ (2) von Paris nach München. Das ____________ (3) kommt pünktlich an. Familie Brandt holt Valerie vom ____________ (4) ab. Aber es gibt Probleme. Mia hat ein ____________ (5) gemacht. „Herzlich willkommen in München, Valerie" steht da. Aber sie hält es ____________ (6). Valerie kann es nicht lesen und sieht die ____________ (7) nicht gleich. Sie wird ____________ (8). Mit ihrem ____________ (9) läuft sie hin und her und ____________ (10) die Familie Brandt. Mit der Hilfe von einer Frau ____________ (11) Valerie ihre Gastfamilie.

2 a Welche Sehenswürdigkeit beschreiben die Sätze? Markiere und hör das Gespräch zur Kontrolle. oder Hör zuerst das Gespräch und markiere dann.

2.17

das Deutsche Museum

die Frauenkirche

die Allianz-Arena

der Marienplatz

der Englische Garten

1. A/B/C/D/E ist ein Technikmuseum. Man kann hier viel selbst ausprobieren.
2. A/B/C/D/E liegt im Zentrum von München. Dort steht das Rathaus.
3. A/B/C/D/E ist 500 Jahre alt. Man sieht sie auf vielen Fotos von München.
4. A/B/C/D/E ist sehr beliebt. Man kann dort ein Picknick oder Sport machen.
5. A/B/C/D/E ist das Stadion vom FC Bayern München. Sie ist sehr modern und groß.

b Sehenswürdigkeiten in München – Ergänze die Sätze.

✦ besichtigen ✦ liegt ✦ typisch ✦ bekannt ✦

Das deutsche Museum ist das größte Technikmuseum auf der Welt und sehr ________________ (1). Man kann es jeden Tag von 9:00 bis 17:00 Uhr ________________ (2). Die Eisbachwelle ____________ (3) im Zentrum, man kann dort surfen. So etwas gibt es nur hier, das ist ________________ (4) für München.

c Hör die Präsentation über die Allianz-Arena. Richtig oder falsch? Kreuze an.

2.18 online 2

1. Marco stellt die Allianz-Arena vor, weil sie berühmt ist.	richtig	falsch
2. Das Stadion ist sehr groß.	richtig	falsch
3. Touristen können die Allianz-Arena besuchen.	richtig	falsch
4. 2006 war hier das erste Fußballspiel.	richtig	falsch
5. Das Stadion ist eine wichtige Sehenswürdigkeit in München.	richtig	falsch
6. Marco hat schon einmal ein Spiel in der Allianz-Arena gesehen.	richtig	falsch

d Hör noch einmal und lies die Stichpunkte. Ordne zu.

2.18

1. ______ Thema und Grund für Themenwahl nennen
2. ______ allgemeine Informationen und Fakten nennen
3. ______ nähere Informationen / eine Besonderheit nennen
4. ______ zusammenfassen und Meinung sagen
5. ______ von eigener Erfahrung mit dem Thema berichten

A war leider noch nicht dort, mein Traum: dort ein Spiel mit Lieblingsmannschaft sehen
B man muss die Allianz-Arena besuchen, weil besonders wichtige Sehenswürdigkeit in München, typisch für München; sieht schön aus
C liegt im Norden, modern, Kosten 340 Millionen, Größe: 258 Meter lang, 227 Meter breit und 50 Meter hoch, 75 000 Besucher haben Platz, man kann es besichtigen, Eröffnung 2005
D Allianz-Arena München vorstellen, weil Fußballfan, Lieblingsmannschaft FC Bayern München
E wichtige Fußballspiele, z. B. WM 2006

e **Tierpark Hellabrunn – Lies die Stichpunkte und ordne sie wie in 2d.**

____ Tierpark Hellabrunn erster Geozoo der Welt: Zoo zeigt Tiere in Gruppen, wie sie in der Natur leben, nach Erdteilen geordnet (Asien, Afrika, ...); München war für viele Zoos ein Beispiel, heute sind Geozoos überall sehr beliebt

____ zum Schluss möchte ich Besuch im Tierpark Hellabrunn empfehlen: sehr schön, viele verschiedene Tiere, Geozoo, aber auch Informationen über Tierschutz, Zoo bietet viele Informationen und Ausstellungen zu Projekten

____ persönliche Erfahrung: einmal mit Eltern in Bayern, München und den Zoo besucht, toll, besonders das Elefantenhaus, weil Lieblingstiere und das Haus schon ganz alt, von 1914

__1__ Thema: Tierpark Hellabrunn, Grund für die Themenwahl: mag Tiere, und lerne gern etwas über Tierarten, besuche immer Zoos, wenn zu Besuch in neuer Stadt

____ allgemeine Informationen: liegt im Süden von München, am Fluss Isar, 1911 Eröffnung, sehr groß, mehr als 750 Tierarten, 2 Millionen Besucher im Jahr

DSD I

online 3

f **Recherchiere die Informationen auf dem Stichwortzettel in 2e genauer im Internet, übe und halte dann eine Präsentation wie in 2c.** oder **Wähle ein eigenes Thema, recherchiere Informationen, erstelle einen Stichwortzettel, übe und halte eine Präsentation.**

Ein Thema präsentieren
Ich spreche heute über das Thema … / Ich möchte heute … vorstellen.
Ich habe das Thema gewählt, weil …
Ich finde/denke, dass … / Meiner Meinung nach …
Zum Schluss möchte ich …

In der DSD I Prüfung hast du 4 Minuten Zeit für die Präsentation. Du wählst das Thema vorher mit deinem Lehrer / deiner Lehrerin. Du darfst Materialien wie z. B. Plakate, Bilder, eine Powerpoint-Präsentation und einen Stichwortzettel benutzen. Danach antwortest du auf Fragen zum Thema.

3 **a** **Viele Fragen – Schreib die Fragewörter.**

1. ● W__ __ c h __ Fächer haben wir am Montag? ○ Deutsch, Mathe, Sport und Geschichte, glaube ich.
2. ● W__ __ v __ __ __ e Pausen haben wir? ○ Morgen gibt es 4 Pausen, drei kurze und eine lange.
3. ● W__ ist unser Klassenraum? ○ Raum 1.03 ist im ersten Stock.
4. ● W__ __ ist Frau Palme? ○ Das ist die Frau mit den roten Haaren.
5. ● W__ __ __ machen wir den Ausflug? ○ Am Samstag.

b **Indirekte Fragesätze – Was passt zusammen? Verbinde.**

1. Weißt du, was
2. Kannst du mir sagen, wer
3. Erklärst du mir, wo
4. Hast du eine Ahnung, wann

A der Film im Kino anfängt?
B wir uns treffen?
C ein Ticket kostet?
D der Junge dort ist?

c **Weißt du, ob …? – Schreib die indirekten Fragesätze.**

1. Gibt es in der Mensa vegetarisches Essen?
2. Hat Lena heute Zeit?
3. Ist Herr Köb heute da?
4. Fährt Linus zum Sportplatz mit?

Kannst du mir sagen, ob es in der Mensa vegetarisches Essen gibt?

online 4

d **Ergänze die indirekten Fragesätze.**

1. Ist gleich Pause? *Weißt du, ob gleich Pause ist?*
2. Haben wir morgen Englisch? Selma fragt, ____________________
3. Ist der Computerkurs am Mittwoch? Ich bin nicht sicher, ____________________
4. Wann schreiben wir den Test in Physik? Weißt du, ____________________
5. Wo findet die Foto AG statt? Kannst du mir sagen, ____________________

e **Punkt oder Fragezeichen? – Markiere.**

1. Können Sie mir sagen, wo …?/.
2. Ich weiß nicht, wie … ?/.
3. Wissen Sie, ob … ?/.
4. Ich frage mich, wie … ?/.
5. Hast du eine Ahnung, wer … ?/.
6. Ich bin nicht sicher, wann … ?/.

f **Ergänze die indirekten Fragesätze mit einer passenden Einleitung. Die Beispiele in 3e helfen.**

1. ● Sag mal, ____________________, wer das Mädchen dort ist?
   ○ Das Mädchen im roten Shirt?
   ● Ja, ____________________, wie sie heißt. Kannst du mir ihren Namen sagen?
   ◆ Nee, ____________________, wer das ist. Vielleicht ist sie neu in der Schule.
2. ● Entschuldigen Sie, ____________________, ob hier ein Supermarkt ist?
   ○ Nein, tut mir leid. Das weiß ich nicht.
3. ● ____________________, wo Mila ist und ob sie noch kommt. Du?
   ○ Nein, ich ____________________, wo sie ist.

4 **a** **Der Königssee – Lies den Text und die Sätze. Richtig oder falsch? Kreuze an.**

Der Königssee liegt im Süden von Deutschland, in Bayern, und ist ein beliebtes Reiseziel. Der See ist etwas mehr als sieben Kilometer lang, aber nur ca. einen Kilometer breit. Er ist außerdem sehr tief, bis 190 Meter. Das Wasser ist besonders sauber und hat eine grüne Farbe. Man kann im Königssee schwimmen, aber das Wasser ist ziemlich kalt. Mit einem eigenen Boot darf man nicht auf dem See fahren, aber man kann eine Bootsfahrt mit einem Elektroboot zur Halbinsel Hirschau machen. Dort steht auch die berühmte Kirche St. Bartholomä. Die Fahrt nach Hirschau dauert 35 Minuten und man bekommt auf der Fahrt interessante Informationen über den Königssee. Man kann mit dem Boot auch noch eine Station weiter nach Salet fahren. Von dort kann man zum Obersee wandern.

1. Viele Menschen fahren an den Königssee.	richtig	falsch
2. Der See ist sieben Meter tief.	richtig	falsch
3. Schwimmen ist im Königssee verboten.	richtig	falsch
4. Die Touristen fahren gerne mit ihren Booten über den See.	richtig	falsch
5. Bis Hirschau ist man etwas mehr als eine halbe Stunde unterwegs.	richtig	falsch
6. Man kann in Hirschau und in Salet aus dem Boot aussteigen.	richtig	falsch

b **Korrigiere die falschen Aussagen im Heft.**

2. Der See ist …

2.19 **c Welcher Dialog passt zu welchem Problem? Hör und notiere die Dialognummer.**

A Die Person versteht nichts, weil die andere Person zu schnell redet. Dialog: ____

B Die Person versteht nichts, weil die Verbindung nicht gut ist. Dialog: ____

C Die Person versteht nichts, weil es so laut ist. Dialog: ____

D Die Person versteht nichts, weil sie nicht gut Deutsch spricht. Dialog: ____

d Was passt zusammen? Verbinde.

1. Ich glaube, das habe
2. Entschuldigung, wie
3. Tut mir leid,
4. Das habe ich nicht verstanden. Kannst
5. Können Sie das

A bitte? Ich spreche nicht so gut Deutsch.
B du bitte langsamer sprechen?
C bitte noch mal sagen?
D ich nicht richtig verstanden.
E ich verstehe Sie nicht.

5 a Lies die Dialoge und ergänze die Wörter. Hör zur Kontrolle. ⟷ oder Hör die Dialoge. Ergänze dann die Wörter.

2.20

1. ● S ___ ___ ___ ___ e, dass du nicht mit auf Klassenfahrt fahren darfst.
   ○ Ja, l ___ ___ ___ ___ ___.
2. ● Meine Eltern sagen, ich muss um zehn zu Hause sein.
   ○ Oh n ___ ___ ___, du A ___ ___ ___!
3. ● Es t ___ ___ mir l ___ ___ ___, dass ich heute nicht mitspielen kann.
   ○ Wi ___ ___ ___ ___ ___ ___ sch ___ ___ ___!

b Lest die Dialoge aus 5a zu zweit.

6 a Sag mal ... *h* hören und sprechen – Hör die Wörter. Hörst du ein *h*? Kreuze an.

2.21

1. das Haus ☐
2. der Zahn ☐
3. nehmen ☐
4. hellblau ☐
5. behalten ☐
6. helfen ☐
7. die Uhr ☐
8. berühmt ☐
9. die Wohnung ☐
10. abholen ☐

2.22 **b Hör die Sätze und markiere: Wo hörst du das *h*?**

1. Hier ist es heißer als im Haus.
2. Alle haben um zehn Uhr in der Halle Eishockey gespielt.
3. Hamburg ist nicht die Hauptstadt, aber in Hamburg bin ich zu Hause.
4. Seht ihr den Hund hier?
5. Hannah erzählt, Hausaufgaben sind ihr Hobby! Hahaha!

2.22 **c Hör noch einmal und sprich nach.**

7 a Ergänze die Aussagen von Austauschschülern.

✦ Schnee ✦ Ausland ✦ Heimat ✦ Dorf ✦ international ✦ fremd ✦ sympathisch ✦ Heimweh ✦ Kultur ✦

1 Österreich ist toll! Am Anfang war alles ______________________ (1), aber die Menschen sind sehr ________________ (2) und jetzt im Winter gibt es so viel _____________ (3)! Super!

2 Meine ______________ (4) ist ein kleines ______________ (5) in Chile. Die chilenische und die schweizer ____________ (6) sind sehr unterschiedlich.

3 Ich war das erste Mal im ________________ (7). Deshalb hatte ich am Anfang _____________ (8). Aber München ist wirklich schön und ziemlich _________________ (9).

2.23

b Schüleraustausch Deutschland und Spanien – Lies die Fragen und hör die Berichte von Annika und Manuel. Notiere die Antworten.

Annika, 15

1. Wer war als Austauschschüler/in in Westerstede? ______________
2. Wie lange waren sie im anderen Land? ______________
3. Was haben viele Menschen in Westerstede? ______________
4. Was haben viele Menschen in Madrid? ______________

Manuel, 16

2.23

c Lies die Sätze 1–5. Wer sagt das? Manuel, Annika oder beide? Kreuze an. Hör noch einmal zur Kontrolle.

	Manuel	Annika	beide
1. Meine Gastfamilie hat Tiere.	☐	☐	☐
2. Ich war im Mai bei der Gastfamilie.	☐	☐	☐
3. Der Pool ist ganz in der Nähe vom Haus.	☐	☐	☐
4. Meine Gastfamilie wohnt in einem alten Haus.	☐	☐	☐
5. Die Familie ist nicht reich.	☐	☐	☐

d Wer hat was gedacht oder nicht gewusst? Verbinde.

A Eine Familie mit Pferden ist reich.

B Menschen mit einem Pool haben viel Geld.

Manuel

Annika

C Viele Menschen dort haben einen Pool.

D Viele Menschen dort haben Pferde.

e Schreib die Sätze aus 7d als *dass*-Sätze. Beginne mit *Annika/Manuel hat gedacht* ... oder *Annika/Manuel hat nicht gewusst,* ...

Annika hat gedacht, dass Menschen ...

f Was hast du in diesem Kapitel über Deutschland, Österreich und die Schweiz erfahren? Was war neu? Schreib einen kurzen Text.

Ich habe nicht gewusst, dass die Menschen in ...

online 5

g Lies die Nachricht. *Weil*, *dass* oder *wenn*? Kreuze an.

Hallo Annika,

ich habe gehört, ☐ dass ☐ weil ☐ wenn (1) du im Mai in Madrid warst. Ich schreibe dir, ☐ dass ☐ weil ☐ wenn (2) ich nächstes Jahr auch am Schüleraustausch teilnehmen möchte. Man kann auch nach Lyon fahren. Ich möchte lieber nach Spanien, ☐ dass ☐ weil ☐ wenn (3) ich jetzt Spanisch lerne. Muss man gut in Spanisch sein, ☐ dass ☐ weil ☐ wenn (4) man am Austausch teilnehmen möchte? Meine Lehrerin hat gesagt, ☐ dass ☐ weil ☐ wenn (5) die Spanier sehr schnell sprechen. Stimmt das? Es wäre toll, ☐ dass ☐ weil ☐ wenn (6) du mir mehr über den Austausch erzählen kannst.

Gruß, Tobias

h Was antwortet Annika? Schreib die Sätze mit *weil*, *dass* und *wenn*.

1. Wir können uns in der Pause …

1. treffen / uns / in der Pause / Wir / können / , / du / wenn / Lust / hast / .
2. wollte / Ich / nach Spanien / fahren / , / ich / spreche / kein Französisch / weil / .
3. ist / nicht so wichtig / Es / , / gut Spanisch / dass / sprichst / du / .
4. Englisch / kannst / sprechen / Du / , / du / wenn / Probleme / hast / .

8 Lernen – üben – spielen. Fragt euch gegenseitig wie im Beispiel. Wer weiß die meisten Antworten?

A

1. Wo kann man in München ein Fußballspiel sehen?
2. Was kann man im Deutschen Museum sehen?
3. Gibt es in München einen Zoo?
4. Welche Farbe hat der Königssee?

B

1. Wie lange kann man schon auf der Eisbachwelle surfen?
2. Wie heißt die berühmte Kirche in München?
3. Gibt es in München ein Schloss?
4. Wie tief ist der Königssee?

Hast du eine Ahnung, wo man …

Nein, das weiß ich nicht. Weißt du, wie lange …

Perfekt

Suche fünf Partizipien in der Schlange und ergänze die Sätze.

g e w u s s t g e d a c h t l o s g e g a n g e n g e w o r d e n g e h a l t e n

1. Familie Brandt hat ein Schild mit Valeries Namen ______________________.
2. Valerie hat nicht __________________, wann die Schule in Deutschland morgens losgeht.
3. Angs Gastfamilie ist seine zweite Familie ____________________.
4. Mia und Valerie sind schon weg. Sie sind vor fünf Minuten ____________________.
5. Daniel hat __________________, dass er gut Deutsch sprechen kann.

Wichtige Wörter

Seite 107

an|kommen *(kommt an, ist angekommen)*

der **Flughafen**, Flughäfen

das **Flugzeug**, -e

die Gastfamilie, -n

der Gastschüler, -

die Gastschülerin, -nen

das **Gepäck**

halten *(hält, hat gehalten)*

das **Schild**, -er

der Schüleraustausch, -e

die **Ankunft**, Ankünfte

der **Besuch**, -e

Seite 108

das Schloss, Schlösser

die **Sehenswürdigkeit**, -en

die Sightseeing-Tour, -en

der **Zoo**, -s

dazu|gehören

der **Eingang**, Eingänge

die Welle, -n

die Großstadt, Großstädte

liegen *(Die Kirche liegt im Zentrum.)*

das Surfbrett, -er

der Surfer, -

die Surferin, -nen

der **Tourist**, -en

die **Touristin**, -nen

das **Zentrum**, Zentren

besichtigen

Seite 109

los|gehen *(geht los, ist losgegangen)*

sicher *(Ich bin nicht sicher.)*

die **Fahrkarte**, -n

gültig

der **Markt**, Märkte

ob

funktionieren

Seite 110

der **Kellner**, -

die **Kellnerin**, -nen

der Austausch, -e

der Austauschschüler, -

die Austauschschülerin, -nen

die **Grippe**

nach|fragen

wiederholen

Seite 111

der Abschied, -e

die **Party**, -s

sich **bedanken**

zurück|fahren *(fährt zurück, ist zurückgefahren)*

der/die Arme, -n *(Oh je, du Arme!)*

das Bedauern

die **Hauptstadt**, Hauptstädte

heben *(hebt, hat gehoben) (die Hand heben)*

hintereinander

Seite 112

aufregend

das **Ausland**

außerhalb

das Austauschjahr, -e

das Austauschprogramm, -e

fremd

die Gastschwester, -n

die **Heimat**

das Heimweh

die **Hochzeit**, -en

die **Kultur**, -en

österreichisch

riesig

romantisch

schwierig

sympathisch

vermissen

die Vermutung, -en

vorher

wunderschön

Seite 113

der Schulfreund, -e

die Schulfreundin, -nen

die Pünktlichkeit

die Besonderheit, -en

die Freizeitmöglichkeit, -en

flüstern

Was kann ich?

1 **Ich kann Orte beschreiben.** ☺ 😐 ☹
→ KB/ÜB A2

Der Königsee l ___ ___ ___ t im S ___ ___ en von Deutschland. Er ist sehr be ___ a ___ ___ ___ und besonders schön. Die grüne Farbe ist t ___ ___ is ___ ___ für ihn. Man k ___ ___ n dort eine Bootsfahrt m ___ ___ ___ en.

2 **Ich kann Fragesätze indirekt formulieren.** ☺ 😐 ☹
→ KB/ÜB A3

3 **Ich kann sagen, dass ich etwas nicht verstehe.** ☺ 😐 ☹
→ KB/ÜB A4

Wie bitte? Ich ______________ (1), das habe ich nicht ______________________________ (2).
Kannst du das noch mal ______________________ (3)? Ich ___________________ (4) nicht so gut Deutsch.

4 **Ich kann Bedauern ausdrücken.** ☺ 😐 ☹
→ KB/ÜB A5

Ich bin krank.
Oh nein, ___________________________ (1)
______________ (2), dass du schon gehen musst.
Ja, leider.

So lerne und übe ich

5 **Ich überarbeite meine Texte und versuche Sätze zu verbinden.** ☐ manchmal ☐ oft ☐ nie

zwei Hauptsätze verbinden mit
- oder
- und
- aber
- denn
- deshalb
- trotzdem

Hauptsätze und Nebensätze verbinden mit
- dass
- weil
- wenn

Ich war ein halbes Jahr in der Schweiz ______________ (1) habe dort einen Schüleraustausch gemacht. Ich finde die Schweiz wirklich sehr schön, ________________ (2) ich mag Berge. Die Schweizer sind sehr sympathisch, ______________ (3) ich habe sie zuerst nicht verstanden. Ich habe nicht gewusst, ______________ (4) Deutsch in der Schweiz ganz anders ist. ...

12 Talente und Berufe

1 **a** **Was passt zusammen? Such die Nomen und schreib sie mit Artikel zu den Bildern.**

online 1

MOTORPFLANZENTECHNIKKELLNERRESTAURANTMASCHINESCHULETIEREUNTERRICHTSPEISEKARTETIERARZTHAUSAUFGABEKÜCHEBAUERMECHATRONIKERDORFESSENKOCHBAUERNHOFGASTWERKSTATTSCHÜLERLEHRER

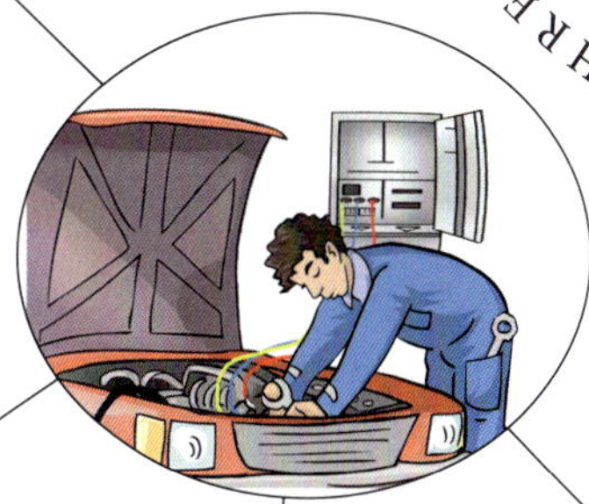

der Bauer

b **Wähle einen Beruf aus 1a und ergänze zwei passende Verben.**

2 **a** **Und was wirst du? Ergänze die passende Form von *werden*.**

online 2

1. ● Ich ___________ auf jeden Fall Schauspieler. Deshalb übe ich jetzt schon in der Theater-AG.
   ○ Echt? Cool. Dann ____________ du bestimmt berühmt und reich.
2. ● Meine Schwester und ich _________________ Bäuerinnen. Und was _____________ ihr?
   ○ Wir? Keine Ahnung.
3. ● Mein Freund hilft gerne anderen Menschen. Er _____________ Krankenpfleger.
   ○ Aha, und du? Was sind deine Pläne? Was _____________ du?

b Infinitiv als Nomen – Werden die Infinitive groß oder klein geschrieben? Markiere die passende Form.

1. Ilja macht das arbeiten/Arbeiten mit Kindern viel Spaß.
2. Er findet es toll, dass Kinder viel wissen/Wissen wollen.
3. Caro ist gerne in der Werkstatt. Das reparieren/Reparieren von Autos gefällt ihr sehr.
4. Aber das lösen/Lösen von Problemen muss sie auch lernen/Lernen.
5. Zarah studiert Chemie. Später will sie in der Schule unterrichten/Unterrichten.

3

a *nicht/kein ..., sondern* – Verbinde die Sätze.

1. Mein Bruder macht kein Praktikum. Er macht eine Ausbildung als Techniker.

   ____

2. Ich kann nicht gut rechnen. Ich kann gut zeichnen.

   ____

3. Linus hat keine Bewerbung geschrieben. Er hat mit dem Chef gesprochen.

   ____

4. Mein Schulpraktikum war nicht langweilig. Es war sehr interessant.

   ____

b Ergänze die Satzanfänge.

1. ..., sondern in Paris.
2. ..., sondern mit meiner Schwester.
3. ..., sondern in einer Werkstatt.
4. ..., sondern 150 Euro.
5. ..., sondern eine Präsentation machen.
6. ..., sondern um 05.30 Uhr.

4

a Lest und spielt die Dialoge zu zweit.

1

● Ich möchte ein Praktikum machen. Aber ich habe noch keine gute Idee.
○ Du findest doch Autos gut. Mach doch ein Praktikum in einer Werkstatt.
● Das gefällt mir nicht. Das ist so schmutzig.
○ Vielleicht ist ein Praktikum in einem Büro eine gute Idee.
● Ja, das gefällt mir. Da kann ich am Computer arbeiten.

2

● Wo möchtest du ein Praktikum machen?
○ Ich weiß nicht. Hast du eine Idee?
● Du bist doch so gut in Bio. Und du interessierst dich für Tiere.
○ Ja, stimmt.
● Du könntest ein Praktikum beim Tierarzt machen.
○ Beim Tierarzt? ... Ja, das kann ich mir gut vorstellen.

online 3

b Wählt einen Dialog aus 4a aus, verändert die grauen Teile und sprecht noch einmal.

Das finde ich gut.	Das mag ich nicht.	Orte für ein Praktikum	Was man machen kann
✦ Technik ✦ Sprachen ✦ Sport ✦ Computer ✦ Reisen ✦ Mode ✦ Musik ✦ ... ✦	✦ schmutzig ✦ schwer ✦ laut ✦ langweilig ✦ ... ✦	✦ beim Bäcker ✦ in der Fabrik ✦ im Krankenhaus ✦ im Restaurant ✦ beim Friseur ✦ im Reisebüro ✦ ... ✦	✦ mit Kunden sprechen ✦ viel lernen ✦ etwas reparieren ✦ Menschen helfen ✦ etwas bauen ✦ ... ✦

DSD I **c** **Ein Job für dich – Lies die Texte 1–4 und die Überschriften A–H. Was passt zusammen? Schreib den richtigen Buchstaben (A–H) in die rechte Spalte. Du kannst jeden Buchstaben nur einmal wählen. Vier Buchstaben bleiben übrig.**

0	Spiel, Sport, Spaß … schulfrei. Viele Kinder fahren nicht in den Urlaub, aber bei uns gibt es jeden Tag Programm für sie. Das Spaß-Mobil bietet für Kinder zwischen 4 und 12 Jahren täglich spannende Veranstaltungen an. Du bist sportlich und magst die Arbeit mit Kindern? Wir suchen für den Sommer Jugendliche für das Spaß-Mobil. Du hast Ideen für unser Programm? Mach mit und schreib uns unter bewerbung@spaß-mobil.info	Z
1	Keine Angst vor Hunden? Zeit am Wochenende? Wir suchen für unsere Hunde Dolly und Otto einen Dog-Sitter. Sie kommen aus dem Tierheim, sind sehr lieb und sportlich. Wir arbeiten viel zu Hause, aber in unseren Berufen müssen wir auch manchmal samstags oder sonntags unterwegs sein. Deshalb brauchen wir einen tierlieben Menschen. Deine Aufgaben: spazieren gehen, spielen und Hunde füttern. Hast du an mindestens zwei Samstagen oder Sonntagen im Monat Zeit? Wir bieten: 10 Euro/Stunde. Tel. 0171 772155	
2	Ich suche für meinen Vater einen netten Menschen für das tägliche Leben. Er ist 78 Jahre alt, lustig und freundlich. Wer kauft regelmäßig für ihn ein (Markt, Bäcker, Apotheke, …)? Wer hat auch Zeit für Spaziergänge und Gespräche? Ich arbeite von Montag bis Mittwoch und suche an diesen Tagen nachmittags eine zuverlässige Person für 1–2 Stunden. Mein Vater wohnt in der Südstadt.	
3	Der Frühling kommt …! Sind Sie fit? Arbeiten Sie gerne mit Menschen? Dann kommen Sie zu uns: Wir suchen freundliche und sportlich aktive Menschen für den Verkauf. Bei uns finden unsere Kunden die neuen Trends für Sportmode, Laufschuhe und Ernährung. Sie informieren die Kunden bei ihrem Einkauf und geben Tipps zu aktuellen Sport-Trends. Interesse? Dann bewerben Sie sich im Lauf-Shop.	
4	Ihr habt Ahnung von Handys und Computern? Dann könnt ihr uns helfen. Wir sind Menschen über 70, wir nutzen täglich das Internet und andere digitale Geräte. Trotzdem haben wir viele Fragen und manchmal Schwierigkeiten mit der Technik. Ihr müsst keine Profis sein, aber ihr sollt wichtige Programme und Apps erklären können und uns mit der Technik helfen. Gerne auch Schülerinnen und Schüler. Die Arbeit wird pro Stunde bezahlt. Bitte melden im Wohnheim am Stadtpark.	

Z	Ferienangebote für Kinder
A	Lieferservice Lebensmittel
B	Hilfe im Tierheim
C	Junge Helfer im Alltag
D	Wochenend-Service für Hunde
E	Ferienhilfe im Kindergarten
F	Trainer für Laufsport
G	Digitaler Service für Senioren
H	Verkäufer im Sportgeschäft

Lies die Texte und die Überschriften sehr genau. Oft haben zwei Überschriften ein ähnliches Thema.

d **Sprecht zu zweit. Welche Arbeit aus 4c findet ihr für den/die andere/n gut? Macht Vorschläge und nennt Gründe.**

Du hilfst doch immer anderen. Deshalb …

5 a Wo machen die Jugendlichen ihr Praktikum? Ordne zu.

✦ Kindergarten ✦ Büro ✦ Geschäft ✦ Werkstatt ✦ Praxis ✦ Friseur ✦

A. in einem ________________

B. in einer ________________

C. im ________________

D. beim ______________

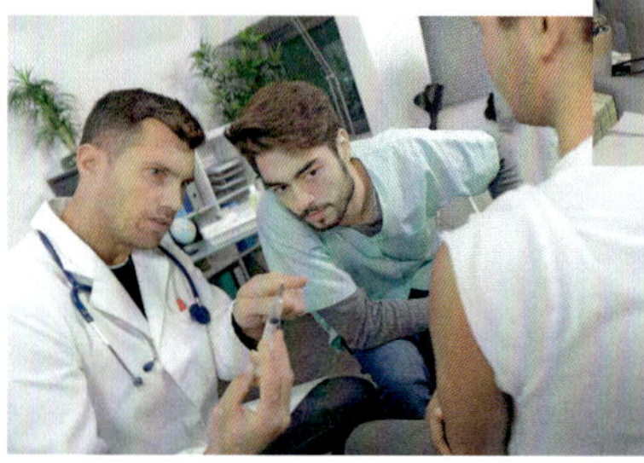

E. in einer ____________

F. in einem ___________

b Mach eine Wortschlange mit Arbeitsorten. oder Mach eine Wortschlange mit Berufen. Tausch dann mit deinem Partner/deiner Partnerin. Er/Sie schreibt die Wörter mit Artikel.

BÜROPRAXISFRISEUR

online 4

c Aufgaben beim Praktikum – Was passt zusammen? Ordne zu. Manchmal gibt es mehrere Möglichkeiten.

1. Paula muss Papiere __E__
2. Jannik darf dem Schreiner _____
3. Paula kann an Meetings _____
4. Jannik muss die Werkstatt _____
5. Jannik muss das Holz _____
6. Paula muss die Briefe zur Post _____
7. Jannik kann einen Stuhl _____
8. Paula kann Texte _____

A bringen
B bauen
C aufräumen
D schreiben
E kopieren
F teilnehmen
G schneiden
H helfen

d Praktikum im Kindergarten – Welche Präposition ist richtig? Kreuze an.

1. Ich muss jeden Tag ☐ am ☐ um 9 Uhr im Kindergarten sein.
2. ☐ Am ☐ Bis Vormittag spiele ich mit den Kindern.
3. ☐ Vor ☐ In dem Mittagessen waschen alle Kinder ihre Hände. Ich helfe ihnen.
4. ☐ Um ☐ Am 13 Uhr mache ich eine Stunde Pause.
5. ☐ Um ☐ Am Nachmittag gehen wir raus.
6. Wir bleiben ☐ bis ☐ nach 16 Uhr im Garten, auch wenn es regnet.
7. Vielleicht mache ich ☐ vor ☐ nach der Schule eine Ausbildung als Erzieherin.

e **Welche Präposition passt? Ergänze *um*, *am*, *bis*, *von … bis* oder *in*.**

Kommst du ______ (1) Mittwoch ins Schwimmbad?

Nee, ich mache _______ Montag ______ (2) Freitag ein Praktikum in einer Werkstatt.

Wir gehen ______ (3) 15 Uhr ins Kino. Hast du Lust?

Ja, gerne. Ich bin morgen in der Werkstatt, aber nur _______ (4) 14 Uhr. Dann komme ich direkt zu dir.

Hast du ______ (5) Nachmittag Zeit? Ruf mich mal an!

Ich kann gerade nicht. Ich melde mich ____ (6) der Pause.

f **Was hast du gestern gemacht? Schreib die Sätze zu Ende.**

1. Um 7:30 Uhr _bin ich zur Schule gefahren._
2. Am Vormittag ____________
3. Vor dem Mittagessen ____________
4. Von 14 bis 16 Uhr ____________
5. Vor dem Abendessen ____________
6. In der Nacht ____________

6 **a** **Wie komme ich zu dir? Ordne zu.**

1. ____ Kann ich zu Fuß zu dir gehen?
2. ____ Welche U-Bahn muss ich nehmen?
3. ____ Kann ich direkt fahren?
4. ____ Und wo muss ich aussteigen?

A Du steigst an der Blumenstraße aus und da hole ich dich ab.
B Du musst mit der U3 fahren.
C Nein. Du musst am Marktplatz umsteigen. Dann nimmst du den Bus Nummer 54.
D Nein, du musst mit der U-Bahn fahren.

2.24 **b** **Bring die Dialoge in die richtige Reihenfolge und hör zur Kontrolle.**

Dialog 1

- ☐ ● Okay, danke.
- ☐ ○ Nein, du musst am Bahnhof umsteigen. Dann nimmst du die U-Bahn. Die U6 fährt zum Stadion.
- ☐ ● Weißt du, wie ich zum Stadion komme?
- ☐ ● Kann ich direkt fahren?
- ☐ ○ Du musst mit dem Bus fahren, mit der Linie 16.

Dialog 2

- ☐ ● Du steigst am besten an der Giselastraße in die Straßenbahn ein.
- ☐ ● Du steigst an der Clemensstraße aus. Dann musst du noch 2 Minuten zu Fuß gehen.
- ☐ ○ Und dann? Muss ich umsteigen?
- ☐ ○ Super, danke!
- ☐ ○ Und wo muss ich aussteigen?
- ☐ ○ Entschuldigung, wie komme ich zur Viktoriastraße?
- ☐ ● Ja, du musst am Marktplatz umsteigen. Dort nimmst du den Bus Linie 23.

c Lies die Nachricht und antworte.

online 5

> Hey, ich komme heute Nachmittag zu dir! Kannst du mir schnell den Weg von der Schule zu dir beschreiben? DANKE!!!

Weißt du noch?

Sie ist **zu Hause.**

Sie geht **nach Hause.**

Tipp!

d Welche Präposition passt? Ergänze.

1. bei – zu – nach: ● Um wie viel Uhr fährst du ______ Mia?
2. aus – nach – bei: ○ Wenn ich ______ der Schule komme, gehe ich direkt dorthin. Und du?
3. vom – beim – zum: ● Ich habe um 14 Uhr einen Termin ______ Friseur.
4. nach – vom – beim: Wenn ich ______ Friseur komme, muss ich erst Hausaufgaben machen. Dann komme ich.
5. zu – von – nach: ● Fahren wir am Wochenende zusammen ______ Hamburg?
6. nach – bei – zu: ○ Ich muss meine Eltern fragen. Aber die sind jetzt nicht ______ Hause.
7. aus – nach – zu: ● Und wann kommen sie ______ Hause?
8. zu – von – bei: ○ Keine Ahnung. Aber wir müssen jetzt ______ Frau Müller gehen.

e Bilde Sätze. Achte auf Dativ (Wo?) und Akkusativ (Wohin?).

Weißt du noch?
Akkusativ: *in* + *das* → *ins*

Tipp!

1. Jannik / müssen / sein / um 8 Uhr / in / die Werkstatt / .
   Jannik muss um 8 Uhr in der Werkstatt sein.
2. Er / legen / das Werkzeug / auf / der Tisch / .
   ____
3. Paula / gehen / erst um 9 Uhr / in / das Büro / .
   ____
4. Zuerst / stellen / sie / ihren Rucksack / unter / der Tisch /.
   ____
5. Dann / hängen / Paula / ihre Jacke / in / der Schrank / .
   ____
6. Sie / arbeiten / viel / an / der Computer / .
   ____

7 a Wer macht was in den Ferien? Hör das Gespräch und kreuze an.

2.25

	Florian	Clara
1. Ich besuche meine Tante.	☐	☐
2. Ich mache mit meinen Großeltern Urlaub.	☐	☐
3. Meine Familie und ich fahren nach Italien.	☐	☐
4. Ich nehme an einem Sportcamp teil.	☐	☐
5. Ich muss in den Ferien auch lernen.	☐	☐
6. Ich will Zeit mit meinen Freunden verbringen.	☐	☐

b **Valeries Antwort – Was passt wo? Verbinde und schreib dann die Mail von Valerie.**

Liebe …,
unsere Ferien dauern … .
Ich möchte … .
Dann … .
Ich freue mich, weil … .
Das wird toll, denn … .
Ich besuche dich gern am Ende von den Ferien.
Telefonieren wir am Wochenende?
Liebe Grüße
Valerie

ich dort auch viele Verwandte treffe

Mia

fahre ich mit meinen Eltern ans Meer

8 Wochen

ich kann dort jeden Tag schwimmen und chillen

am Anfang viel Zeit mit meinen Freunden verbringen

Liebe Mia,

8 **a** **Sag mal … Satzakzent – Hör die Sätze. Wo ist der Satzakzent? Markiere.**

2.26

1. Meine Großeltern.
   Ich besuche meine Großeltern.
   Ich besuche morgen meine Großeltern.
2. Im Hotel?
   Wir übernachten im Hotel?
   Wir übernachten im Urlaub im Hotel?
3. Nach England.
   Ich fahre nach England.
   Ich fahre im August nach England.
4. Im Tierheim?
   Du arbeitest im Tierheim?
   Du arbeitest im Sommer im Tierheim?

b **Lies die Sätze in 8a laut.**

9 **Lernen – üben – spielen. Arbeitet zu zweit und notiert auf Karten 10 Berufe. Mischt die Karten und zieht abwechselnd. Beschreibt, was ihr macht. Der Partner / Die Partnerin rät.**

Perfekt **Was passt wo? Ergänze das Partizip II.**

✦ umgestiegen ✦ bestanden ✦ unternommen ✦ geschnitten ✦ teilgenommen ✦

1. ● Ich habe die Nachprüfung ________________!
   ○ Herzlichen Glückwunsch!
2. ● Hast du an dem Vorbereitungskurs in der Schule ________________?
   ○ Nein, ich habe allein gelernt.
3. ● Wie war es bei deinen Großeltern in Luxemburg?
   ○ Schön, wir haben viel ________________.
4. ● Seid ihr mit dem Bus gekommen?
   ○ Ja, Ich bin am Bahnhof ________________ und da habe ich Mia getroffen.
5. ● Was habt ihr heute in der Werkstatt gemacht?
   ○ Wir haben Holz ________________ und etwas gebaut.

Wichtige Wörter

Seite 115

der **Beruf**, -e

der Bauer, -n

die Bäuerin, -nen

das **Büro**, -s

entwickeln

die Expedition, -en

die Fabrik, -en

die Gärtnerei, -en

der **Motor**, -en

der Nordpol, -e

die Planung, -en

der Reitstall, Reitställe

der Schriftsteller, -

die Schriftstellerin, -nen

das Tierheim, -e

werden *(wird, ist geworden) (Ich werde Ärztin.)*

die **Werkstatt**, Werkstätten

Seite 116

arbeitslos

basteln

die **Hausfrau**, -en

der **Hausmann**, Hausmänner

das Labor, -e

liefern

die Wissenschaft, -en

der Wissenschaftler, -

die Wissenschaftlerin,-nen

die **Ausbildung**, -en

der/die **Auszubildende**, -n

vermuten

beruflich

die Berufsschule, -n

die **Bewerbung**, -en

der **Chef**, -s

die **Chefin**, -nen

das **Studium**, Studien

einfach

die Entscheidung, -en

der Erzieher, -

die Erzieherin, -nen

das **Fach**, Fächer

das Handwerk, -e

der **Kollege**, -n

die **Kollegin**, -nen

der **Krankenpfleger**, -

die **Krankenpflegerin** -nen

nützlich

das **Praktikum**, Praktika

die Schulzeit, -en

die **Stelle**, -n

das **Stipendium**, Stipendien

der **Student**, -en

die **Studentin**, -nen

studieren

theoretisch

die Universität, -en *(Uni)*

die Vorlesung, -en

Seite 117

her|stellen

nicht ..., sondern

der Politiker, -

die Politikerin, -nen

Auf keinen Fall!

Seite 118

der **Mitarbeiter**, -

die **Mitarbeiterin**, -nen

der **Brief**, -e

kopieren

das Meeting, -s

schneiden *(schneidet, hat geschnitten)*

der Schreiner, -

die Schreinerin, -nen

die Mittagspause, -n

von ... bis

Seite 119

aus|steigen *(steigt aus, ist ausgestiegen)*

ein|steigen *(steigt ein, ist eingestiegen)*

um|steigen *(steigt um, ist umgestiegen)*

der **Fahrplan**, Fahrpläne

der Halt, -e

die S-Bahn, -en

Seite 120

die Landschaft, -en

die Nachprüfung, -en

die Sommerferien (Pl.)

der Sprachkurs, -e

der Stoff *(In Physik muss ich viel Stoff wiederholen.)*

verbessern

Bescheid geben *(gibt, hat gegeben)*

buchen

dorthin

die **E-Mail / Mail**, -s

erreichen

die Ferienwoche, -n

hoffen

der **ICE**, -s

süß

unternehmen *(unternimmt, hat unternommen)*

Seite 121

bestehen *(besteht, hat bestanden)*

der Campingplatz, Campingplätze

das **Hotel**, -s

sich melden *(Melde dich mal!)*

nach *(nach zwei Wochen)*

übermorgen

verreisen *(verreist, ist verreist)*

wünschen *(Ich wünsche dir schöne Ferien!)*

das **Zelt**, -e

das **Zeugnis**, -se

Was kann ich?

1 Ich kann Aussagen mit *nicht/kein …, sondern* formulieren. ☺ 😐 ☹

→ KB/ÜB A3

Carlotta macht …

2 Ich kann Vorschläge zu Berufen machen und darauf reagieren. ☺ 😐 ☹

→ KB/ÜB A4

Dialog 1

● Du reparierst alles. Du könntest ___________ werden.

○ ___________? Das ___________ ☹.

Dialog 2

● Du kannst so gut ___________. Mach ein Praktikum als/bei ___________.

○ ___________ ☺

3 Ich kann nach dem Weg fragen und einen Weg beschreiben. ☺ 😐 ☹

→ KB/ÜB A6

Ich möchte zum Zoo. Muss ich ___________ oder kann ich ___________?

Du musst ___________.
Dann musst du ___________.
Nimm ___________. An der Endstation ___________.

So lerne und übe ich

4 Ich lerne Wörter in Gruppen und schreibe mit den Wörtern Texte. ☐ manchmal ☐ oft ☐ nie

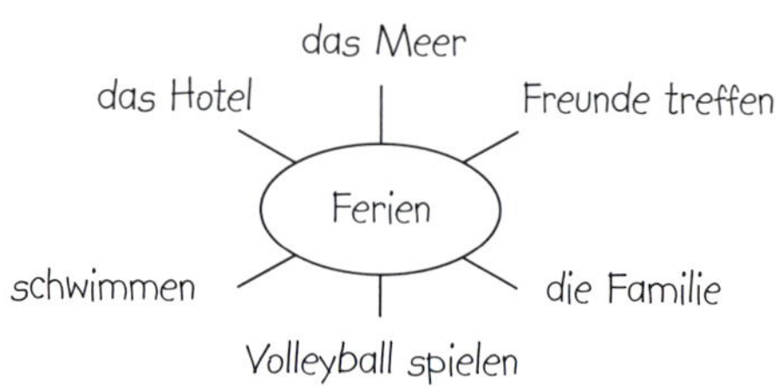

In den Ferien fahre ich mit meiner Familie ans Meer. Da wohnen wir im Hotel. Am Strand …

Testtraining 4

Hören Teil 4

1 a Du hörst gleich den Anfang von einem Interview. Lies zuerst die Aufgabe 0 und hör dann den Text. Warum ist die Aussage 0 falsch? Was sagt der Moderator im Interview? Sprecht in der Klasse.

2.27

0. Nelly spielt Geige. — Ja / ~~Nein~~ (X)

2.28 **b Lies die Aufgaben 1–3. Hör dann den Text und wähle *Ja* oder *Nein*.**

1. Nelly hat schon vor der Schule Klavier gelernt. — Ja / Nein
2. In der Schule gefällt Nelly der Musikunterricht am besten. — Ja / Nein
3. Nelly übt täglich mit ihrem Instrument. — Ja / Nein

2.29 **c Hör noch einmal, kontrolliere deine Lösungen und vergleiche mit deinem Nachbarn / deiner Nachbarin.**

Die Informationen aus dem Text werden in den Aufgaben anders formuliert. Achte auf ähnliche Wörter und Ausdrücke.

2.30 **d Jetzt wie in der Prüfung:**

Du hörst ein Interview. Du hörst den Text zweimal. Wähle für die Aufgaben 1 bis 5 Ja oder Nein. Lies jetzt die Aufgaben.

Beispiel

0 Jasper ist Klassensprecher. — Ja / ~~Nein~~ (X)

1 Jasper war schon als kleines Kind gerne draußen. — Ja / Nein

2 Immer weniger Natur in der Stadt ist ein Problem für die Menschen, sagt Jasper. — Ja / Nein

3 Die Umwelt-AG hat ihre Idee allein gefunden. — Ja / Nein

4 Die Taschen mit Pflanzen bringt Jasper den Leuten nach Hause. — Ja / Nein

5 Das Geld für das Projekt bekommen die Schüler von den Eltern. — Ja / Nein

Lesen Teil 4

2 a Drei Jugendliche suchen Freizeitangebote. Arbeitet zu zweit und lest die Beschreibungen von den Personen. Sammelt Ideen, was sie in der Freizeit machen könnten.

1. Jan interessiert sich für Mode und Kleidung. Er hat ab 16 Uhr Zeit.
2. Rasha achtet auf ihre Ernährung und macht gerne Sport.
3. Janine mag Literatur. Sie möchte gerne etwas selbst schreiben.

Strategie

Sammle vor dem Lesen Vermutungen und finde passende Wörter.

Jan könnte Jugendliche beraten, z. B. …

Janine könnte in der Schülerzeitung …

b Vergleicht eure Ideen mit einem anderen Paar. Was ist gleich oder anders?

c Lies jetzt die drei Anzeigen. Welche passt für wen? Für wen passt keine? Wenn keine Anzeige passt, schreib ein [X].

A

Romane und Gedichte sind langweilig? Das finden wir nicht. In unserer Literatur-AG sprechen wir über aktuelle Bücher, schreiben und lesen eigene Texte und veranstalten Poetry-Slam-Wettbewerbe. Komm vorbei:

Dienstags, 15-17 Uhr, Raum E12

B

Coole Jacke, tolles Outfit: Trends sind schon lange nicht mehr nur Themen für die Mädchen. Das interessiert auch Jungs. Mach mit: Wir wollen aktuelle Styles im Internet zeigen und Tauschpartys organisieren.
Treffen: Montagnachmittag.
Kontakt: Timo, Tel.: 445879

C

Wir suchen Leute mit Ideen für unseren Blog.

Backst und kochst du gerne? Wir suchen leckere und leichte Rezepte für Anfänger. Viele können noch nicht backen und kochen, aber sie wollen es sehr gerne lernen. Wir helfen! Mach mit!
Kontakt: kochenundbacken@info.de

Jan: [ ]

Rasha: [ ]

Janine: [ ]

d Was hat euch bei der Lösung geholfen? Markiert in den Anzeigen in 2c Wörter und Informationen. Vergleicht zu zweit.

e Jetzt wie in der Prüfung:

Lies die Anzeigen sehr genau. Manche Informationen können zu mehreren Personen passen.

Sechs Jugendliche suchen im Internet nach Aktivitäten für ihre Freizeit. Lies die Aufgaben 1-5 und die Anzeigen [a] - [f]. Welche Anzeige passt zu welcher Person? Für eine Aufgabe gibt es keine Lösung. Markiere so [X].

Beispiel

0 Leon kann ein bisschen Schlagzeug spielen und will mehr üben. [e]

1 Kathi kann gut singen, aber sie spielt kein Instrument. [ ]

2 Sami will sich um Tiere kümmern und hat am Wochenende Zeit. [ ]

3 Paul möchte Filme machen. Er hat nachmittags Zeit. [ ]

4 Jana reitet gerne. Sie hat aber kein Pferd. [ ]

5 Karim macht am liebsten draußen Sport. [ ]

Schiller-Gymnasium München

Startseite | Unterricht | Projekte | Aktuelles

a Du hast gute Ideen? Du liebst Spots und Videos und bist oft auf Youtube? Dann mach bei uns mit, immer mittwochs ab 16 Uhr im Video-Club. Wir machen Kino.
Kontakt: Bastian: oskar4us@mail.de

b Bei Wind und Wetter sind wir in der Natur. Wir unterstützen unser Tierheim und gehen mit den Hunden im Wald spazieren oder trainieren in der Hundeschule. Helfer sonntags willkommen, Tel. 0171 667549

c Musik ohne Grenzen – Wir lieben Musik von Pop bis Klassik und unsere Band braucht einen Chor. Du hast eine gute Stimme? Dann komm vorbei: Proben am Dienstag um 18 Uhr im Jugendclub am Altmarkt.

d Keine Angst vor Schmutz! Die darfst du nicht haben, wenn du Crosslauf machst. Wir trainieren zu jeder Jahreszeit und laufen durch Wald und Wiesen. Lust auf frische Luft? Infos auf: www.kreuzundquer.de

e Bist du ein cooler Typ? Ich auch! Ich suche Musiker für meine neue Band. Du musst noch nicht perfekt sein, aber du musst viel Spaß an deinem Instrument haben. Hast du Ideen für gute Songs? Dann ruf mich an: Tel. 0160-881549 (Josy)

f Wenn du Kino liebst, dann bist du bei uns richtig. In unserem Blog beschreiben wir Klassiker und aktuelle Filme und geben Kino-Tipps. Treffen immer mittwochs, 19 Uhr, Kino-Club, Jugendzentrum Heinestraße

Schreiben Teil 2

3 a Lies die Aufgabe und die E-Mail von Sasha. Leider ist alles durcheinander. Bring die Sätze in die richtige Reihenfolge. Etwas fehlt in der E-Mail. Was? Ergänze.

Du bist neu im Sportverein. Dein Trainer, Herr Krause, lädt dich ein, am Freitagnachmittag mit anderen Jugendlichen aus dem Verein eine Party im Clubhaus zu feiern. Schreib Herrn Krause eine E-Mail.
- Sag danke und sag, dass du kommst.
- Informiere, wie du helfen willst.
- Frag nach dem Weg.

Schreib 30-40 Wörter. Schreib zu allen drei Punkten.

___ A Für die Party könnte ich auch etwas kochen und mitbringen.
_1_ B Lieber Herr Krause,
___ C Ich komme sehr gerne zur Sportparty.
___ D Können Sie mir bitte schreiben, wie ich zum Clubhaus komme?
___ E vielen Dank für die Einladung.
___ F Das Clubhaus kenne ich leider noch nicht.
___ G ____________________

b Jetzt wie in der Prüfung:

Nächste Woche macht deine Schule einen Projekttag. Deine Lehrerin, Frau Keller, organisiert das Projekt „Gesundes Essen – selbst gemacht“. Am Donnerstag um acht Uhr geht es los. Schreib Frau Keller eine E-Mail.
- Sag, dass du teilnehmen möchtest.
- Informiere, was du kochen kannst.
- Frag nach dem Treffpunkt.

Schreib 30–40 Wörter. Schreib zu allen drei Punkten.

Tipp! Du schreibst an einen Erwachsenen. Verwende *Sehr geehrte/r Herr/Frau* oder *Liebe/r Herr/Frau* und *Sie.*

Sprechen Teil 2

4 a In diesem Prüfungsteil sollst du etwas von dir erzählen. Lies die Aktivitäten. Was passt wo? Ordne zu.

✦ Computerspiele spielen ✦ ins Kino gehen ✦ Freunde treffen ✦ Musik hören ✦ in die Stadt gehen ✦ ✦ fernsehen ✦ mit den Geschwistern spielen ✦ im Haushalt helfen ✦ Basketball spielen ✦ ein Instrument spielen ✦ im Garten chillen ✦ spazieren gehen ✦ mit Freunden reden ✦ im Verein aktiv sein ✦

zu Hause bleiben	rausgehen

b Was machst du oft? Wähle vier Aktivitäten und schreib: Was, wann, wo, mit wem?

Am Nachmittag höre ich …

c Arbeitet zu zweit. Lies die Mindmap und erzähle über dich. Dein Partner / Deine Partnerin hört zu und stellt am Ende eine Frage. Du antwortest. Danach tauscht ihr eure Rollen.

von sich erzählen

Sport, …?
Computer, Medien, …?
Was machst du in deiner Freizeit
Mit wem?
Wann?

In der Prüfung stellen auch die Prüfer 1-2 Fragen zum Thema.

Strategie
Erzähle in ganzen Sätzen (was, wann, wo, …) zum Thema. Sag nicht nur Stichworte und zähle nicht nur Informationen auf.

In meiner Freizeit treffe ich am liebsten …

Am Wochenende bin ich oft …

d Jetzt wie in der Prüfung:

Du bekommst eine Karte und erzählst etwas über dein Leben.

A von sich erzählen

Ausflug, …?
Was war neu?
Was hast du in den Ferien gemacht?
Mit wem?
Wen besucht?

B von sich erzählen

Wer kommt?
Lieder, …?
Wie feiert deine Familie Geburtstag?
Geschenke?
Essen, …?

Strategie
Trainiere das Erzählen mit vielen Themen. In der Prüfung hast du keine Zeit für eine Vorbereitung.

Quellen

Bildquellen

Auftragsfotos von Dieter Mayr, München.
Illustrationen von Andrea Naumann, Aachen.
Die Nummer vor der Quellenangabe gibt die Buchseite und hinter dem Punkt die Bildposition auf dieser Buchseite an. Fotos ohne Quellenangabe kommen auf einer früheren Seite bereits vor und sind dort mit allen Angaben erwähnt.

Kapitel 1

5.1 Shutterstock (Sementsova Lesia), New York; **5.2** Shutterstock (Irina Bg), New York; **5.3** Getty Images (Popperfoto / Kontributor), München; **5.4** Shutterstock (Africa Studio), New York; **5.5** Shutterstock (Kasefoto), New York; **5.6** Shutterstock (Ljupco Smokovski), New York; **5.7** Dieter Mayr, München; **9.1** Shutterstock (OlegD), New York;

Kapitel 2

15.1 schwimmen: Shutterstock (karelnoppe), New York; **15.2** snowboarden: Shutterstock (AXL), New York; **15.3** radfahren: Shutterstock (goofyfoottaka), New York; **15.3** rudern: Shutterstock (Corepics VOF), New York; **15.4** klettern: Shutterstock (altanaka), New York; **15.5** Tennis: Shutterstock (Galina Barskaya), New York; **15.6** Weitsprung: stock.adobe.com (coachwood), Dublin; **15.7** Basketball: Shutterstock (Ljupco Smokovski), New York; **15.8** Volleyball: Shutterstock (Alan Poulson Photography), New York; **15.9** Ballett: Shutterstock (Andrea Link), New York; **15.10** Slacklining: Shutterstock (angelo gilardelli), New York; **15.11** joggen: Shutterstock (Ariwasabi), New York; **15.12** Eishockey: Shutterstock (Ronnie Chua), New York; **15.13** reiten: Shutterstock (pirita), New York; **16.1** © ASKÖ WAT Wien; **16.2** Shutterstock (Microgen), New York; **16.3** Shutterstock (Vagengeim), New York; **18.1** stock.adobe.com (unclepodger), Dublin; **18.2** stock.adobe.com (paultarasenko), Dublin; **18.3** stock.adobe.com (ftomasz), Dublin; **24.1** Snowboard: Shutterstock (Jag_cz), New York; **24.2** Parkour: Shutterstock (Vagengeim), New York; **24.3** reiten: Shutterstock (Ahturner), New York; **24.4** Eis: Shutterstock (frozenbunn), New York; **24.5** Schlittschuh: Shutterstock (LovArt), New York; **24.6** Skateboard: Shutterstock (Leremy), New York; **24.7** Grafik: ©www.marktmeinungmensch.de, Daten: Online-Umfrage von Research Now im Auftrag von Rosebike, 2016;

Kapitel 3

25.1 A: Stiftung Jugend forscht e. V., Hamburg; **25.2** B: Deutsches Kinder- und Jugendfilmzentrum; **25.3** C: MG RTL D; **25.4** D: MG RTL D / Stefan Gregorowius; **25.5** E: Deutscher Musikrat gGmbh/ „;Jugend musiziert";; **25.6** F: © SAT.1; **25.7** G: Berliner Festspiele; **30.1** picture alliance/ Christoph Soeder/dpa; **31.1** A: Shutterstock (Photoonlife), New York; **31.2** B: Shutterstock (Lubo Ivanko), New York; **31.3** C: Shutterstock (AZVector), New York; **31.4** D: Shutterstock (Yakovenko Nataliia), New York; **31.5** E: Shutterstock (Zoart Studio), New York; **31.6** Zahl: Shutterstock (MPanchenko), New York; **31.7** Kopf: Shutterstock (Roman Sigaev), New York; **34.1** Shutterstock (Syda Productions), New York;

Testtraining 1

37.1 Shutterstock (Halfpoint), New York; **38.1** stock.adobe.com (sashafolly), Dublin;

Kapitel 4

40.1 Shutterstock (Sashkin), New York; **40.2** Shutterstock (grynold), New York; **40.3** Shutterstock (Aigars Reinholds), New York; **41.1** Porträt: Shutterstock (Irina Bg), New York; **41.2** A: Shutterstock (connel), New York; **41.3** B: Shutterstock (Pond Thananat), New York; **41.4** C: Shutterstock (Carmen Steiner), New York; **42.1** Feuer: Shutterstock (Dutourdumonde Photography), New York; **42.2** Kicker: Shutterstock (nikkytok), New York; **42.3** Hochbett: Shutterstock (Ema L), New York; **42.4** A: Shutterstock (MaryValery), New York; **42.5** B: Shutterstock (Arcady), New York; **42.6** C: Shutterstock (Sergey Furtaev), New York; **42.7** D: Shutterstock (Andrey Efimcev), New York; **42.8** E: Shutterstock (TotemArt), New York; **42.9** F: Shutterstock (DRogatnev), New York; **42.10** G: Shutterstock (KittyVector), New York; **43.1** Dieter Mayr, München; **43.2** Dieter Mayr, München; **43.3** Dieter Mayr, München; **44.1** Shutterstock (SusaZoom), New York;

Kapitel 5

49.1 A: Chimperator Live GmbH; **49.2** B: Shutterstock (Cesare Andrea Ferrari), New York; **49.3** C: Shutterstock (Denis Kuvaev), New York; **49.4** D: Shutterstock (Mega Pixel), New York; **49.5** E: Shutterstock (Cultura Motion), New York; **50.1** Shutterstock (Dejan Dundjerski), New York; **51.1** A: picture alliance / AP Photo; **51.2** B: Shutterstock (Denis Makarenko), New York; **51.3** C: Shutterstock (Andrea Raffin), New York; **52.1** © Einshoch6, München; **53.1** picture alliance/Eventpress; **54.1** Shutterstock (UMB-O), New York; **58.1** Shutterstock (Antonio Guillem), New York;

Kapitel 6

62.1 Shutterstock (Dean Drobot), New York; **62.2** Shutterstock (Ruslan Ivantsov), New York; **64.1** Europakarte: Shutterstock (teka12), New York; **64.2** Wettersymbole: Shutterstock (Pavel Stasevich), New York; **68.1** © APA, Quelle: APA/GfK;

Kapitel 7

73.1 Shutterstock (Asier Romero), New York; **73.2** Linus: Shutterstock (Dean Drobot), New York; **73.3** Mara: Shutterstock (asife), New York; **73.4** Fanny: Shutterstock (Monkey Business Images), New York; **73.5** Jan: Shutterstock (Monkey Business Images), New York; **76.1** Shutterstock (Pix11), New York; **76.2** Shutterstock (Maxx-Studio), New York; **76.3** Shutterstock (Africa Studio), New York; **76.4** Shutterstock (Svetlana Happyland), New York; **76.5** Shutterstock (kibri_ho), New York; **76.6** Shutterstock (Dima Moroz), New York; **76.7** Shutterstock (Dima Moroz), New York;

77.1 Shutterstock (Oleksandr Kavun), New York; **79.1** Shutterstock (Branding), New York; **79.2** Shutterstock (kibri_ho), New York; **79.3** Shutterstock (M. Unal Ozmen), New York; **79.4** Shutterstock (Aaron Amat), New York; **79.5** Shutterstock (Magdalena Wielobob), New York; **79.6** Shutterstock (ILYA AKINSHIN), New York; **82.1** A: Shutterstock (Pataradon Luangtongkum), New York; **82.2** B: Shutterstock (Sever180), New York; **82.3** C: Shutterstock (Kidsada Manchinda), New York; **82.4** D: Shutterstock (Marques), New York;

Kapitel 8

83.1 A: stock.adobe.com (New Africa), Dublin; **83.2** 1: stock.adobe.com (rohappy), Dublin; **83.3** B: stock.adobe.com (Leszek Czerwonka), Dublin; **83.4** 2: stock.adobe.com (Peter Atkins), Dublin; **83.5** C: stock.adobe.com (Porechenskaya), Dublin; **83.6** 3: stock.adobe.com (neonshot), Dublin; **83.7** D: stock.adobe.com (kulzfotolia), Dublin; **83.8** 4: stock.adobe.com (Viktor), Dublin; **84.1** Shutterstock (Undrey), New York; **88.1** Süßigkeiten: shutterstock (sellenelles), New York; **88.2** Eis: shutterstock (baibaz), New York;

Kapitel 9

93.1 Ampel: Shutterstock (Foto-Ruhrgebiet), New York; **93.2** Kindergarten: Shutterstock (Vladimir Nenezic), New York; **93.3** Bibliothek: Shutterstock (DavidPino Photography), New York; **93.4** Kreuzung: Shutterstock (Peter Gudella), New York; **93.5** Spielplatz: Shutterstock (Syda Productions), New York; **93.6** Brücke: Shutterstock (siriwan kaewbunrueang), New York; **93.7** Haltestelle: Shutterstock (urfin), New York; **98.1** stock.adobe.com (AntonioDiaz), Dublin; **98.2** stock.adobe.com (Tom Bayer), Dublin; **98.3** stock.adobe.com (sunnybright), Dublin;

Kapitel 10

108.1 Dieter Mayr, München; **111.1** Shutterstock (Jacek Chabraszewski), New York;

Kapitel 11

117.1 A: stock.adobe.com (joyt), Dublin; **117.2** B: stock.adobe.com (babaroga), Dublin; **117.3-117.6** C-F: Dieter Mayr, München; **118.1** A: stock.adobe.com (rudiernst), Dublin; **118.2** B: stock.adobe.com (Martin Raab), Dublin; **118.3** C: Shutterstock (footageclips), New York; **118.4** D: stock.adobe.com (Noppasinw), Dublin; **118.5** E: stock.adobe.com (pure-life-pictures), Dublin; **120.1** stock.adobe.com (Henry Czauderna), Dublin; **122.1** Shutterstock (Tiffany Bryant), New York; **122.2** stock.adobe.com (ajr_images), Dublin;

Kapitel 12

130.1 A: Shutterstock (adriaticfoto), New York; **130.2** B: Shutterstock (Monkey Business Images), New York; **130.3** C: Shutterstock (weedezign), New York; **130.4** D: Shutterstock (Monkey Business Images), New York; **130.5** E: Shutterstock (ALPA PROD), New York; **130.6** F: Shutterstock (gopixa), New York;

Testtraining 4

137.1 stock.adobe.com (aytuncoylum), Dublin(Arcady), New York

Fotomodelle

Jan de Boer, Paula de Boer, Lucia Borda, Katja Bucher, Simon Heyduck, Lotta Immler, Anna Kleber, Christof Lenner, Greta Mayr, Jakob Mayr, Levin Tschürtz, Marco Tschürtz, Elena Zachariades

Audios: Sprecherinnen und Sprecher

Magali Armengaud, Ulrike Arnold, Jan de Boer, Paula de Boer, Marco Diewald, Clara Gerlach, Lotta Immler, Angela Kilimann, Louis Kübel, Philip Lainović, Sofia Lainović, Felice Lembeck, Christof Lenner, Greta Mayr, Jakob Mayr, Riccarda Siebels, Helge Sturmfels, Levin Tschürtz, Peter Veit, Elena Zachariades